ALTA PERFORMANCE & IMPACTO

PAULO IBRI

ALTA PERFORMANCE & IMPACTO

COMO MELHORAR SEUS RESULTADOS EM UM MUNDO DE CONSTANTE MUDANÇA

ALTA BOOKS
EDITORA
Rio de Janeiro, 2019

Alta Performance & Impacto
Copyright © 2019 da Starlin Alta Editora e Consultoria Eireli. ISBN: 978-85-508-0604-4

Todos os direitos estão reservados e protegidos por Lei. Nenhuma parte deste livro, sem autorização prévia por escrito da editora, poderá ser reproduzida ou transmitida. A violação dos Direitos Autorais é crime estabelecido na Lei nº 9.610/98 e com punição de acordo com o artigo 184 do Código Penal.

A editora não se responsabiliza pelo conteúdo da obra, formulada exclusivamente pelo(s) autor(es).

Marcas Registradas: Todos os termos mencionados e reconhecidos como Marca Registrada e/ou Comercial são de responsabilidade de seus proprietários. A editora informa não estar associada a nenhum produto e/ou fornecedor apresentado no livro.

Impresso no Brasil — 1ª Edição, 2019 — Edição revisada conforme o Acordo Ortográfico da Língua Portuguesa de 2009.

Publique seu livro com a Alta Books. Para mais informações envie um e-mail para autoria@altabooks.com.br

Obra disponível para venda corporativa e/ou personalizada. Para mais informações, fale com projetos@altabooks.com.br

Produção Editorial Editora Alta Books	**Produtor Editorial** Juliana de Oliveira Thiê Alves	**Marketing Editorial** marketing@altabooks. com.br	**Vendas Atacado e Varejo** Daniele Fonseca Viviane Paiva comercial@altabooks.com.br	**Ouvidoria** ouvidoria@altabooks.com.br
Gerência Editorial Anderson Vieira	**Assistente Editorial** Adriano Barros	**Editor de Aquisição** José Rugeri j.rugeri@altabooks.com.br		
Equipe Editorial	Bianca Teodoro Ian Verçosa Illysabelle Trajano	Kelry Oliveira Keyciane Botelho Maria de Lourdes Borges	Paulo Gomes Thales Silva Thauan Gomes	
Revisão Gramatical Fernanda Lutfi Hellen Suzuki	**Diagramação** Luisa Maria Gomes	**Capa** Bianca Teodoro		

Erratas e arquivos de apoio: No site da editora relatamos, com a devida correção, qualquer erro encontrado em nossos livros, bem como disponibilizamos arquivos de apoio se aplicáveis à obra em questão.

Acesse o site www.altabooks.com.br e procure pelo título do livro desejado para ter acesso às erratas, aos arquivos de apoio e/ou a outros conteúdos aplicáveis à obra.

Suporte Técnico: A obra é comercializada na forma em que está, sem direito a suporte técnico ou orientação pessoal/exclusiva ao leitor.

A editora não se responsabiliza pela manutenção, atualização e idioma dos sites referidos pelos autores nesta obra.

Dados Internacionais de Catalogação na Publicação (CIP) de acordo com ISBD

```
I14a    Ibri, Paulo Unger
            Alta Performance & Impacto: como melhorar seus resultados em um
        mundo de constante mudança / Paulo Unger Ibri. - Rio de Janeiro : Alta
        Books, 2019.
            256 p. : il. ; 14cm x 21cm.

            Inclui indice
            ISBN: 978-85-508-0604-4

            1. Administração. 2. Alta Performance. 3. Impacto. Resultados. I. Miozzo,
        Kathleen. II. Título.
                                                        CDD 658
        2019-578                                        CDU 65
```

Elaborado por Vagner Rodolfo da Silva - CRB-8/9410

Rua Viúva Cláudio, 291 — Bairro Industrial do Jacaré
CEP: 20.970-031 — Rio de Janeiro (RJ)
Tels.: (21) 3278-8069 / 3278-8419
www.altabooks.com.br — altabooks@altabooks.com.br
www.facebook.com/altabooks — www.instagram.com/altabooks

Agradecimentos

Fica até difícil lembrar-me de todas as pessoas que fizeram a diferença em minha vida e, por esse motivo, influenciaram positivamente o meu caminho até aqui.

Todos os meus amigos, colegas, companheiros e pessoas que já me deram opiniões e feedbacks estão, de uma forma ou de outra, dentro destas páginas.

Obrigado, Rafa Prado, por se disponibilizar a escrever o prefácio desta obra e colocar um pouco de seu conhecimento nestas páginas. Além de amigo, um grande mentor.

Obrigado a toda minha família; meu pai, Sérgio; minha mãe, Mônica e meu irmão, Daniel, que sempre estiveram ao me lado, proveram-me da melhor condição que alguém poderia ter e me incentivaram a ser o meu melhor, independentemente da circunstância.

Obrigado à minha eterna companheira e parceira, Letícia, que esteve ao meu lado nos altos e baixos e sempre me apoiou e incentivou a realizar tudo o que sonhei. Sem você nada disso seria possível.

Obrigado à Alta Books, por ter se interessado por esta obra, pela vontade de publicar conteúdos diferentes e por disponibilizar conhecimento de qualidade para as pessoas.

Por último, agradeço a você, leitor, que investirá seu tempo neste livro e que está disposto a aprender novos pontos de vista e impulsionar sua vida e seus resultados.

Sumário

AGRADECIMENTOS	V
PREFÁCIO	IX
INTRODUÇÃO	1
SUCESSO	5

CAPÍTULO 1: De Dentro para Fora	7
CAPÍTULO 2: Seu Supercomputador e a Sua Programação	25
CAPÍTULO 3: Seu Núcleo	47
CAPÍTULO 4: A Força Propulsora	57
CAPÍTULO 5: Bússola Interna	79
CAPÍTULO 6: A Combinação Correta da Trava	87
CAPÍTULO 7: Aja, Reaja, Intensifique	103
CAPÍTULO 8: Voz da Independência	119
CAPÍTULO 9: Otimizar Sua Barra de Vida	129
CAPÍTULO 10: Pivote Seus Hábitos	149

viii *Alta Performance & Impacto*

CAPÍTULO 11: Combustível Cerebral — 173

CAPÍTULO 12: Mentoria e Modelagem — 189

CAPÍTULO 13: Dinheiro Cresce em Árvores — 199

CAPÍTULO 14: Liberdade Exponencial — 223

ENCERRAMENTO — 239

ÍNDICE — 241

Prefácio

"Deus deve amar os homens medíocres.
Fez vários deles." Abraham Lincoln

Este livro não é para os medíocres, mas para quem deseja assumir a responsabilidade de liderar. Liderar a própria vida. Assumir responsabilidade e materializar objetivos. Formar futuros líderes e influenciar positivamente o meio em que vive.

Uma decisão pode fazer isso... a decisão de ser a melhor versão de si mesmo para que pessoas possam se espelhar em suas atitudes e replicar este ciclo de prosperidade.

Liderar é entender que você é o único responsável por fazer acontecer aquilo que almeja e aquilo que deve ser cumprido e que está sob sua responsabilidade. Você vai ser respeitado, reconhecido e, muitas vezes, amado. Não significa que você é infalível — aliás, a graça de tudo isso é saber que você é um humano falível, mas suficientemente forte para se levantar a cada queda e suficientemente sábio para extrair o melhor aprendizado de qualquer situação.

Chegou a hora de você "mudar de estado", expandir rumo ao sucesso, assim como a água faz ao atingir 100°C e entrar em ebulição.

Lembre-se: grandes líderes tiveram conselheiros, mentores e modelaram pessoas de sucesso conhecendo suas histórias e estratégias a partir de seus livros.

Bill Gates reforça essa ideia quando diz: "Meus filhos terão computadores, sim, mas antes terão livros. Sem livros, sem leitura, os nossos filhos serão incapazes de escrever — inclusive a sua própria história."

Por isso, me sinto honrado em escrever o prefácio deste livro. Tenho certeza de que as ferramentas e histórias que você vai encontrar ao longo de cada uma das páginas serão de grande contribuição para que se torne um líder ainda melhor.

Conheci o Paulo em sua busca pela maestria participando de um intenso programa de mentoria com os maiores líderes do mundo nas áreas de negócios, o "Mastery".

Inteligente, sagaz e com grande experiência empírica adquirida ao longo de anos na posição de liderança em empresas multinacionais (e atualmente em suas próprias empresas), Paulo desenvolveu o carisma e o olhar analítico de grandes líderes, e minha maior alegria é que ele resolveu compartilhar isso com você neste livro.

Paulo colocou sua experiência, coração e alma em cada uma dessas páginas, e você pode usar isso como guia para aumentar seu sucesso pessoal, assim como ele mesmo fez para se tornar uma pessoa admirada e de grande sucesso. Tudo o que você vai encontrar aqui é de extremo valor.

Imagine que você poderá se tornar um líder muito mais admirado e até mesmo com maior sucesso financeiro se aplicar o que vai ler neste livro. Imagine que daqui a um ano você será uma pessoa muito melhor, mais feliz e realizada apenas porque começou hoje esse processo de mudança.

Prefácio xi

De fato, a única coisa que você tem que fazer para isso acontecer é ler e aplicar o que vai aprender nas próximas páginas, e isso pode começar imediatamente! Mas, se você não fizer NADA, daqui a um ano continuará faltando o mesmo um ano para isso acontecer. Se daqui a três anos você não fizer NADA, ainda continuará faltando um ano para seu sucesso... Sabe o que isso significa? Você pode trazer o SUCESSO futuro para seu PRESENTE, desde que você comece a construir o futuro que deseja AGORA.

Com foco e muito trabalho, o tempo para atingir o sucesso é o mesmo! O que muda é o tempo que você leva para DECIDIR ter sucesso e executar os passos que vão levá-lo até lá. A má notícia é que, se você postergar isso mais uma vez, certamente se tornará mais um daqueles humanos "medíocres" citados por Abraham Lincoln, mas, apenas pelo fato de você estar com este livro nas mãos, tenho certeza de que chegou sua hora! Você terá mais sucesso do que um dia já imaginou! Tome posse do que é seu!

Não titubeie, aplique as ferramentas e faça acontecer!

Boa leitura,

Rafa Prado
Autor do best-seller *100 Graus*
Criador dos eventos "Ebulição" e "Mastery"

Introdução

*"A parte mais difícil de escrever
um livro é a introdução."*

É aqui que ditamos o tom da leitura, aumentamos a curiosidade do leitor e deixamos claro quais são as expectativas para a leitura.

Sempre que leio um livro, não estou focado em decorar todo o seu conteúdo ou mesmo guardar tudo o que o autor explica.

Estou 100% focado no que chamo de "ouro escondido". Aquele único conselho, conceito ou ideia que para mim pode valer milhões de reais e que pode impactar a minha vida e a de milhares de outras pessoas.

Inicio a leitura já a procura desse ouro, e é essa recompensa que eu acredito que faz valer a pena todas as leituras que já fiz em minha vida e continuarei fazendo até a hora em que não tiver mais energias.

A leitura mudou a minha vida de uma forma que nem consigo explicar, por meio do contato com as mentes mais brilhantes do mundo e com o acúmulo dessas ideias magníficas que me fizeram chegar aonde cheguei. Ideias que me fizeram construir tudo o que construí e que me dão energia e combustível para atingir cada vez mais resultados e impulsionar cada vez mais minha criatividade.

Desde sempre, tenho focado os meus estudos em diferentes tipos de leitura, de livros técnicos a biografias, autoajuda etc.

Inclusive, desenvolvi um curso online a respeito de como divido as minhas leituras ao longo do dia, como guardo os melhores conceitos e de que maneira os mantenho como meu "arsenal de ideias".

Caso queira ter acesso a esse curso basta acessar o site: **https://www.udemy.com/leituraemetas/**

Ao ler este livro, gostaria que prestasse profunda atenção a todos os seus conceitos, que se esforçasse para realizar os exercícios e retornasse sempre que puder às partes que mais fizeram diferença na sua vida para amplificar seus resultados.

Muito mais do que uma leitura única, estruturei este livro para ser o seu guia na busca pela alta performance e cada vez mais resultados. Sendo assim, grife-o, rabisque-o e aproveite tudo o que ele tem de positivo.

Para aproveitar ainda mais todos os exercícios e tê-los sempre disponíveis, deixarei esta página no ar, disponibilizando seu download em formato de e-book: **www.pauloibri.com.br/livro**. Este conteúdo também está disponível em: **altabooks.com.br** (busque pelo título do livro).

Caso esteja se perguntando se este é um livro de autoajuda, digo duas coisas: sim e não.

É de autoajuda porque o livro tem o objetivo de ajudá-lo e desenvolvê-lo para atingir os seus maiores sonhos.

Não é de autoajuda porque essa categoria de livros tem seu nome repleto de preconceitos na sociedade brasileira, como se fossem páginas e páginas de blá-blá-blá motivacional.

Esse não é nosso objetivo final aqui.

Você sairá mais motivado destas páginas? Sem dúvida.

Porém, o que ofereço nesta leitura são técnicas, fundamentos e reflexões que farão com que veja sua vida de forma diferente e atinja muito mais resultados.

É o que há de melhor que encontrei com anos de pesquisa, centenas de livros lidos e minha experiência própria do que funciona e do que não funciona.

Ofereço-lhe uma passagem rápida para o que pode começar a ser uma vida fora de série, uma vida fora do padrão.

Dê um voto de confiança, coloque a metodologia em prática e colha os seus resultados.

Tenho certeza que fará grande diferença em sua vida, assim como fez na minha.

Desejo-lhe uma excelente jornada.

Muito sucesso.

Sucesso

*"Antes de iniciarmos a nossa jornada juntos,
quero deixar aqui a minha compreensão do sucesso."*

Não há certo nem errado, cada pessoa enxerga essa palavra com diversos significados para ela mesma, e o importante é que faça sentido.

Para mim, o sucesso é: viver a vida com metas e objetivos que nos desafiem e façam com que saiamos da zona de conforto; expandir cada vez mais o aprendizado e assumir alguns riscos; sempre estar alinhado com o seu propósito (o porquê); divertir-se durante a sua trajetória e ao longo de suas conquistas, além de deixar o mundo um lugar melhor.

Organizei a leitura deste livro para que ela o impulsione da melhor maneira em direção ao que acredito que realmente pode fazer a diferença em sua vida.

Leia com atenção, anote, coloque em prática.

A vida é muito curta para não aproveitarmos todo o nosso potencial.

Boa leitura!

De Dentro para Fora

"Todas as mudanças acontecem de você para o mundo e não do mundo para você. Molde a sua personalidade interna, e os resultados externos virão."

Começo da jornada

Este é o momento em que iniciamos a nossa jornada juntos. Cada página, parágrafo e palavra deste livro foram escritos com o maior cuidado possível para que ao final dele você saísse transformado. Para que abrissem seus olhos, mente e lhe trouxessem novas ideias e percepções sobre sua vida e sua realidade, que lhe irão proporcionar mais resultados e mais performance.

Eu sempre me considerei uma pessoa extremamente dedicada, esforçada e focada para atingir meus objetivos e metas, sempre pensando nos benefícios que isso me traria no futuro, em vez de gratificações imediatas no presente, e como era importante entender a "visão geral" de nossa vida.

Desde o início da minha vida adulta, tive vontade de começar a trabalhar cedo, aprender coisas novas, crescer na carreira, assumir um cargo de liderança, atingir resultados, impactar e ajudar na vida da maior parte de pessoas possível.

Estudei em um bom colégio e me formei em uma das faculdades de elite do Brasil, fiz cursos de extensão no Brasil e nos Estados Unidos, fiz MBA e continuo mais focado do que nunca na minha trajetória de aprendizado.

Aos 24 anos assumi o meu primeiro cargo liderando pessoas, que era algo com que sempre havia sonhado, visualizando a possibilidade de desenvolver os outros e atingir resultados como um time.

Posso dizer-lhe que a sensação de liderar um time e fazer com que esse time seja considerado o melhor da sua empresa não tem preço. É extremamente gratificante.

Outra coisa que também não tem preço é ser considerado uma das pessoas de maior performance na sua empresa, desenvolver a sua equipe e ver as pessoas que liderou subirem na carreira e também atingirem os seus objetivos pessoais.

Se você é uma pessoa focada em resultados, como eu, sabe o quanto isso é recompensador. Se você não o é, tenho certeza de que se tornará ao acabar de ler este livro.

Ironias da vida

Existem algumas coisas engraçadas na vida, mas que fazem parte de um ciclo natural.

Mesmo que o maior investimento financeiro que já fiz tenha sido em minha educação formal, os maiores aprendizados que tive foram em outros momentos, em materiais e conteúdos diversos — que vou abordar mais para frente neste livro — e, principalmente, com a vida e as experiências que tive.

E a coisa mais importante que aprendi durante toda essa trajetória foi que todas as mudanças que queremos em nossa vida acontecem de dentro para fora.

Diversas pessoas de sucesso transmitem isso de formas diferentes, e o impacto causado na sua vida e nos seus resultados são brutais.

De dentro para fora

Quero expor, então, esse conceito com a minha vivência, com as minhas experiências e como o enxergo.

Por mais simples que pareça, é um conceito muito difícil de ser posto em prática. Sabe por quê? Porque a maioria de nós foi educada de forma contrária ao que ele prega. Ao longo de nossas vidas, não é isso que é colocado para nós como fundação básica para alta performance e, por isso, fiz questão de começar o livro dessa forma.

Caso esteja se perguntando: "Como assim acontecem de dentro para fora?" Eu lhe digo que essa é uma excelente pergunta.

Chamo de dentro para fora porque tudo o que conquistará na sua vida — seja o sucesso que almeja, a riqueza que deseja ou os resultados que sonha, absolutamente tudo — tem início em sua mente. Sua mente e seu cérebro são máquinas extremamente poderosas, e infelizmente não somos condicionados a cuidar tão bem delas como cuidamos do nosso próprio corpo, por exemplo. Sendo assim, essa mudança precisa acontecer na sua mente, no seu raciocínio, na parte de dentro do seu ser, para então, sim, colher os frutos que vêm de fora, que o Universo lhe provê.

Eu digo que esse é um conceito difícil de internalizar porque, a partir do momento em que fizer dele um princípio básico para a sua vida, você automaticamente deixará de ter desculpas para suas falhas. Deixa de dar desculpas para seus problemas e passa a encarar os seus erros e dificuldades de frente.

Transformação de mentalidade

Essa transformação não é fácil.

Eu disse que cada palavra e pensamento que coloquei nesse livro o foram de forma genuína, de coração, com as minhas experiências, e, portanto, afirmo: também tive dificuldades nesse processo.

Foi sempre tão fácil culpar qualquer fator externo por qualquer resultado que não fosse 100% satisfatório em minha vida, que não estivesse 100% de encontro com o que eu tinha de expectativa.

Quer alguns exemplos?

Nossos pais, a economia, a política, o país, a chuva, o Sol, o vento, a escola, a faculdade, seu chefe, seu emprego, o trânsito, a justiça e por aí vai.

Precisa mais do que isso?

Tenho certeza de que, em vários momentos, alguns desses elementos já passaram pela sua cabeça. Se nunca passaram, meus mais sinceros parabéns, pois você já está em um nível diferenciado, e tenho certeza de que está colhendo mais frutos em sua vida.

Grosso modo, tudo o que acontece na sua vida tem uma reação de causa e efeito. Tudo acontece por um motivo e tem um resultado final, e um fator que pode alterar tudo é como você responde ao que acontece à sua volta. Não tem como fugir desse modelo simples de funcionamento do mundo.

Exemplo: Sempre chego atrasado ao trabalho porque moro longe e pego muito trânsito.

Causa que culpamos: Trânsito.

Efeito: Chegar atrasado.

Até agora faz sentido, certo? Esse é o nosso mindset natural, nosso padrão mental mais comum. Porém, falta um fator nessa relação.

E a sua participação nisso? Qual a sua responsabilidade para que tudo isso aconteça?

Participação: você continua saindo no mesmo horário de casa e chegando atrasado os mesmos 15 minutos no seu trabalho. E isso acontece porque você não quer acordar 10, 20 ou 30 minutos mais cedo para ser o primeiro a chegar, o que claramente invalidaria a causa e faria com que fosse pontual.

Se o que estou falando fizer sentido para você, está na hora de mudar.

Já lhe disse anteriormente e repito: não é fácil. **Mesmo.**

Tive vários episódios em minha vida em que recorri a essa culpa externa como solução, e quais frutos essa atitude me trouxe? **Nenhum.** Exato, nenhum. Porque é assim que a maioria das pessoas se comporta, e o único retorno desse comportamento é o fato de não conseguir atingir seus objetivos.

Lembro-me de uma vez que já estava em um cargo bacana em uma multinacional, era gerente de vendas, e tinha um chefe que considerava incapaz para a função; eu não acreditava que ele tivesse conhecimento técnico para ocupar o cargo. Os feedbacks que dava e as decisões que tomava não eram as melhores, e isso começou a minar o meu caminho dentro da organização.

Com o tempo, a energia que tinha para trabalhar foi diminuindo e aquilo me consumia, reduzindo minha performance, satisfação profissional e, consequentemente, aumentando meu estresse. E, se qualquer pessoa me perguntasse o que estava acontecendo em minha vida para que ela estivesse ruim, eu diria: "Odeio meu chefe. Ele é muito ruim, não tem capacidade de liderar o seu time e tomar as melhores decisões."

E junto com esse pensamento vinha outro: "Vou sair dessa empresa, não consigo mais ficar aqui, e a culpa é do meu superior." Era isso que pensava: a culpa é do meu superior. Repare agora como esse pensamento está errado.

Ao longo do período em que fiquei descontente, culpei uma pessoa externa à minha vida e os meus próprios resultados caíram. Quando a organização fosse analisar todos os gestores, quem seria prejudicado? Ninguém além de mim mesmo. Mas é incrível como demoramos a perceber isso e, como consequência, minamos muitas oportunidades em nosso caminho.

Depois de um período de tempo, finalmente consegui perceber (sim, precisei de ajuda externa) que na verdade a culpa era minha e não de outra pessoa. Eu estava deixando-me influenciar, estava prejudicando meu próprio desempenho por algo sobre o que não tinha controle!

Ao pensar nisso agora, vejo como a experiência foi válida para mudar a forma como me relaciono com os problemas à minha volta.

Ao perceber isso, voltei a trabalhar com a mesma intensidade com que trabalhava antes. Pensei: "Não vou deixar outra pessoa prejudicar todo esse caminho que eu desenhei até aqui para minha carreira, não vou deixar nenhum fator externo atrasar nem por um segundo os meus sonhos."

Quando foquei os problemas em mim mesmo consegui mudar. Encontrei alternativas para encaminhar meus projetos sem que houvesse obstáculos, passei a me dedicar ainda mais do que antes às minhas iniciativas e retomei o controle. E se o controle é meu novamente, eu faço o que quiser com a minha vida.

Tome cuidado com apenas um detalhe. Não estou dizendo aqui para sermos egoístas e nos preocuparmos apenas com o que nós queremos. Somente para focarmos as soluções dos problemas e as responsabilidades em nós mesmos, sendo que dessa forma podemos resolver o que quisermos e chegar aonde quisermos.

Adivinha o que aconteceu comigo ao tomar essa iniciativa? Eu fui promovido.

E minha imagem da empresa melhorou muito com meus colegas, pois, em vez de aproveitar os cafés para reclamar do meu chefe e das coisas que ele fazia que eu não concordava, aproveitava para falar de novos projetos, novas oportunidades para a empresa.

A partir do momento em que comunica mensagens mais positivas e dissemina melhores ideias, as pessoas se aproximam mais de você — positivo atrai positivo. E foi isso que aconteceu.

Nunca se esqueça de que nós somos a fonte e a solução de todos os nossos problemas.

Mudar depende só de você

Está na hora de mudar, porque, se isso está realmente acontecendo, você não está se responsabilizando 100% pelos seus resultados e pela sua performance.

Não está se responsabilizando 100% pela sua vida.

A resposta que dá a cada evento da sua vida, seja ele positivo ou negativo, pode mudar drasticamente os resultados que vem obtendo, e a boa notícia é: os seus resultados sempre mudarão para melhor.

A parte mais divertida e desafiadora da nossa vida é que temos o poder, caso condicionemos a nossa mente da forma correta, mudando tudo o que queremos e que não gostamos.

Não gosta do seu trabalho? **Mude.**

Não gosta da sua faculdade? **Mude.**

Não gosta da sua casa? **Mude.**

Não está satisfeito com o seu relacionamento? **Mude.**

Claro, para cada uma das mudanças, precisará de um grau de preparação diferente, e é disso que quero que tenha clareza ao longo desta leitura; entretanto, tudo começa dentro de você, na sua mente, na forma como pensa, age e reage a todas as situações que estão à sua volta.

Controle sua vida

Quer mais um motivo para começar a pensar e agir assim a partir de agora?

Você passa a ter 100% de controle da sua vida, o que lhe dará não só um senso de liberdade enorme, bem como uma sensação de realização que nunca sentiu antes.

Isso porque terá energia para ir atrás de uma resposta para tudo; para cada dificuldade, você se esforçará para achar uma saída e, para cada obstáculo, chegará a uma solução.

Só assumem o controle da própria vida aqueles que querem e que têm força de vontade para isso. E os que o fazem são aqueles que atingem o sucesso e a felicidade, pois quanto mais controle você tem sobre sua vida e suas ações, mais feliz será.

Depois que comecei a pensar dessa maneira e, mais do que isso, a agir verdadeiramente para assumir o controle da minha vida, tudo mudou: meus resultados, minha felicidade, vida financeira, profissional, relacionamentos, energia. Absolutamente tudo.

Quando mudamos o nosso mindset dessa forma, percebemos o quanto viemos agindo durante anos de forma quase irracional para enfrentar os nossos problemas e as nossas dificuldades. Com essa mudança, passamos a ver os problemas praticamente de uma visão de fora, e todos que olham algo de fora conseguem chegar a mais soluções, mais inteligentes.

Um fator que começou a me intrigar muito é como todos nós somos quase condicionados a culpar fatores externos, como os que citei, e, pior do que isso, fatores externos sobre os quais não temos controle.

Ora, se culpamos algo de que não temos controle, diretamente assumimos que não temos controle sobre os resultados que obtemos em nossa vida.

Então, por que isso acontece? Por que mantemos esse tipo de comportamento?

E, como eu disse, esse processo de mudança de padrão mental é difícil.

Já passei por isso e acredito que a maioria das pessoas passará por isso também. No entanto, assim como todo processo que lhe trará resultados benéficos e aprendizado, sugiro que comece agora, pois ao longo do tempo a sua forma de pensar mudará.

É igual a andar de bicicleta: vai virar um hábito.

Você não imagina quantas pessoas me mandam mensagens em minhas redes sociais ou perguntam durante as minhas palestras como começar a encarar a vida dessa forma e mudá-la de dentro para fora.

Os fatores incontroláveis

Um dos grandes exemplos que mais causam dificuldades nas pessoas são os fatores externos sobre os quais não temos controle.

O que mais costuma aparecer é a economia. Se a economia está em crise, por que devemos nos responsabilizar sobre isso? Se todas as bolsas de valores estão em queda, como posso responsabilizar-me por isso?

Veja bem, nós não temos controle sobre o que acontece na economia. É algo muito maior que controla o poder financeiro global. Nós somos apenas uma pequena parte do sistema.

Então, acredito de verdade em mudar esse tipo de pergunta de forma a disparar gatilhos mentais mais produtivos, de respostas que realmente possam trazer-lhe benefícios.

A economia vive em ciclos. Os ciclos não são idênticos todas as vezes, eles variam ao longo do tempo, mas a lei é essa. Depois de longos períodos de alta, sempre acontece um período de baixa. Pode ser mais forte ou mais fraco, mas acontecerá. Todos os grandes investidores do mundo falam abertamente sobre isso. Esse é um dos motivos por que todos eles indicam ter uma mentalidade de longo prazo nos seus investimentos.

Se o ciclo é sempre o mesmo, pergunte-se: o que você fez para proteger-se quando ele apareceu? Que tipo de proteção criou para não sofrer durante esse período? Você foi atrás do conhecimento necessário para fazer essa proteção e não afetar a sua vida financeira? Não afetar suas economias, sua família, as pessoas que ama?

O seu futuro financeiro está sob o seu controle e é sua responsabilidade. Não é da economia, não é do governo e não é de mais ninguém. É sua.

Se toda vez a economia segue um ciclo, tem altos e baixos, a mudança que precisa acontecer não é na economia, mas em você mesmo, em sua mente, no seu modo de enfrentar os problemas e entender melhor a causa e efeito das situações para se preparar melhorar para os momentos difíceis.

Espero que até esse momento as coisas estejam começando a ficar mais claras, assim como seu modo de agir e reagir a cada uma das situações.

Por isso citei que você pode ter controle de tudo e mudar tudo o que você não gosta ou não deseja para sua vida. Basta assumir esse papel de protagonismo, querer mudar, tomar as atitudes e as medidas necessárias para isso.

E tão importante quanto seus resultados é que esse seu novo mindset esteja diretamente relacionado aos seus sentimentos e à sua autoestima.

Se está no comando, tudo é possível. Você tem controle sobre tudo. Se o que você quer não gerará nenhum prejuízo para outras pessoas e o beneficiará, poderá fazê-lo.

Mude respostas, mude sentimentos

Você consegue se lembrar dos momentos em que se sentiu mais vulnerável, triste ou em que sua autoestima foi mais afetada por algum fator externo? Vamos refletir sobre o motivo de isso ter acontecido.

Um exemplo comum é um professor chamando-o à atenção ou diminuindo a sua capacidade durante uma aula. Isso é triste, porém, pode acontecer. Ele pode dizer: "Você não é capaz de resolver esse problema" ou "Você é um dos piores alunos que eu já tive".

A mesma coisa pode acontecer com seu chefe ou em alguma situação semelhante.

Isso o afetou em que sentido? Como se sentiu?

Se isso o afetou diretamente e você percebeu que, no fundo, a outra pessoa tinha razão é porque não assumiu responsabilidade pelo seu desempenho, pela sua performance, pelo seu aprendizado e que, ao final, mesmo que colocado de forma incorreta, o comentário tinha uma parcela de legitimidade.

Entretanto, se essas colocações não foram verdadeiramente fundamentadas, e mesmo assim se sentiu para baixo, por que isso aconteceu? Por que se deixou afetar por um comentário assim?

O fato de a pessoa tê-lo criticado ou comentado algo que você não gostasse não pode mais mudar. Isso já aconteceu. Você não tem controle sobre o passado e muito menos sobre as ações dos outros. Contudo, se você se sentiu mal, ficou para baixo e deixou isso afetar a sua vida, é sua responsabilidade, é sua culpa. O modo como responde a esse evento é o modo como a sua mente está condicionada a responder; se não gosta do resultado que está tendo, mude o seu jeito de pensar.

Exemplo de novo pensamento: se ele acha que eu sou o pior aluno que ele já teve, deve haver algum motivo que não estou conseguindo enxergar, como: converso muito com as pessoas à minha volta, ou ele não está em um dia bom, ou me coloco de forma errada em momentos inapropriados. Invariavelmente, todos esses fatores podem ser corrigidos sem afetar a sua autoestima.

Repare que, dependendo da forma que retorna esse pensamento a você mesmo, terá uma sensação diferente, e isso passa a não o afetar tanto como afetaria normalmente. Você passa a assumir o controle pela forma como pensa e sente e, consequentemente, pelo retorno que você e seu corpo têm.

Para deixar bem claro o conceito, isso não quer dizer que não deva aceitar feedbacks de outras pessoas. Pelo contrário, feedbacks devem ser sempre bem-vindos, pois, quando bem-intencionados, estão sempre relacionados ao seu desenvolvimento.

O que estou dizendo é que o modo como responde aos feedbacks ou colocações, como se sente e como implementará as melhorias dependem de você.

Percebe como tudo acontece de dentro para fora? E, para isso, você deve ser o protagonista, e sua mente deve ser treinada!

Faça as melhores escolhas

Essa mudança de dentro para fora, esse novo mindset (modo de pensar) é fundamental para atingir o sucesso, para ter uma vida mais plena, para se sentir no controle e para mais realização pessoal e profissional.

Pare de resmungar, pare de reclamar sobre as coisas que acontecem na sua vida, sobre as dificuldades e o que não deu certo, e decida, a partir de agora, aprender com isso e dar um passo adiante, a conquistar tudo o que quer e o que sonha.

Decida a partir de agora repetir para si mesmo, em voz alta e dentro da sua mente, que não é obrigado a nada e que tudo é apenas uma escolha!

Se a partir de agora você apenas alterar essa palavra em tudo o que fala e no modo como pensa, já capturou o principal conceito desse capítulo.

Tudo é apenas uma questão de escolha.

O velho ditado é verdadeiro: "Para cada escolha uma renúncia."

E é disso que a vida é feita, escolhas e não obrigações. Se escolhe algo, necessariamente é obrigado a deixar algo para trás. Não há alternativa; é a lei de causa e efeito.

Se quero crescer na carreira em um curto espaço de tempo, eu preciso trabalhar mais e entregar mais resultados do que os outros, logo, deixando a vida pessoal momentaneamente em segundo plano.

Se quero ganhar mais, ter mais valor no mercado, preciso aprender mais, estudar mais, ler mais, trabalhar mais e preciso abrir mão de outras coisas para arranjar tempo para isso.

Se quiser casar, criar uma família, viver com a pessoa que ama, precisa abrir mão do tempo que tinha livre para satisfazer também outra pessoa.

Cada escolha resultará em algo que precisará deixar para trás.

Aproveite os aprendizados

O grande segredo é: ponderar as perdas e ganhos a cada escolha e, assim, sair sempre com saldo positivo.

Isso acontece sempre?

Não. Porque a vida é também feita de escolhas erradas.

Quando isso acontecer, assuma a responsabilidade e tenha clareza de que essa escolha foi feita com o conhecimento que tinha naquele momento, da melhor maneira possível. Então, não haverá como voltar atrás, portanto, faça o melhor possível para corrigir os seus erros e colher os frutos desse aprendizado.

Eu já vivi isso na pele. Já escolhi investir em coisas que deram muito errado; já perdi quase todo meu dinheiro em um negócio que não deu certo, que quebrou. Digo-lhe de coração e com a maior sinceridade do mundo: é muito difícil. Mas eu não podia parar, não podia desistir, e decidi aprender com aquilo, seguir adiante mais forte, mais sábio.

Isso deu origem a um novo pensamento em minha mente: se eu perdi a maior parte do dinheiro que eu tinha passado anos de minha vida tentando juntar em um negócio que não deu certo, como eu poderia criar um negócio e novas fontes de renda que pudessem me retornar o dinheiro que perdi e muito mais, em um espaço de tempo mais curto?

E assim eu tracei um novo plano para minha vida. Com novas metas, novos objetivos e com ainda mais vontade de ser bem-sucedido. A vida é assim: passo após passo, você desenha o seu caminho. Quedas vão acontecer ao longo da trilha, e você precisa sair delas ainda mais forte. Desistir não é uma opção.

Chegou a hora

Então, a partir de agora, faça essa mudança de dentro para fora.

Escolha ser responsável por tudo, escolha guiar a sua vida. Diga: "eu escolho" em vez de "sou obrigado".

Passe a ter, imediatamente, o controle sobre tudo o que faz!

Para garantir que começará essa mudança de mindset a partir de agora, quero deixá-lo com um exercício para sua vida.

Defina dez situações em que precisa assumir mais responsabilidade, em qualquer parte da sua vida: pessoal, profissional, financeira, espiritual etc.

Escreva ao lado dessas situações quais resultados poderia alcançar se realmente assumisse uma posição de protagonista e, consequentemente, o controle.

Tenho certeza de que, depois de ler os resultados que colheria, a mudança começará.

Pare a leitura, faça o exercício agora e se prepare para identificar seus sonhos.

Situação 1 _____

Como protagonista meu resultado seria: _____

Situação 2 _____

Como protagonista meu resultado seria: _____

Situação 3 _____

Como protagonista meu resultado seria: _____

Situação 4 _____

Como protagonista meu resultado seria: _____

Situação 5 _____

Como protagonista meu resultado seria: _____

Situação 6 _____

Como protagonista meu resultado seria: _____

Situação 7 _____

Como protagonista meu resultado seria: _____

Situação 8 _____

Como protagonista meu resultado seria: _____

Situação 9 _____

Como protagonista meu resultado seria: _____

Situação 10 _____

Como protagonista meu resultado seria: _____

Se preferir, em vez de escrever neste livro, preparei um e-book para ser preenchido com os exercícios deste capítulo. Acesse: **www.pauloibri.com.br/livro** e coloque seu e-mail para fazer download do material. Este conteúdo também encontra-se disponível em: **altabooks.com.br** (busque pelo título do livro).

Seu Supercomputador e a Sua Programação

"Tudo que se materializa começa na imaginação. E ela não tem limites."

2

Tudo com o que terá contato ao longo dessa leitura é importante, e se implementar todas as técnicas e fundamentos à sua vida tenho certeza de que ela será transformada.

Entretanto, se pudesse escolher a coisa mais importante com que terá contato, escolheria esse capítulo.

Vou ser sincero, sempre imaginei que essa teoria de visualizar seus sonhos, sonhar grande que você pode alcançar tudo, pode ter e ser o que quiser, eram coisas fabricadas pela indústria da autoajuda para fazer dinheiro em cima de pessoas que acreditavam nisso, como se não pudesse beneficiar nada e nem ninguém.

Uma das melhores coisas que já aconteceu na minha vida foi descobrir que não é bem assim. Sim, existem muitas pessoas que falam coisas motivacionais apenas para cativar os outros, explorando algum tipo de fraqueza para ganhar dinheiro em cima disso. Contudo, não é o caso das pessoas sérias e realmente focadas em autodesenvolvimento e alta performance.

Pare por um segundo e pense na sua infância. Quando todos nós éramos crianças, sonhávamos o tempo inteiro: em ser astronauta, um músico famoso, astro de cinema. Não existiam barreiras, freios ou censuras. Mas, ao longo de nossa vida, alguma coisa foi acontecendo. As pessoas de fora, sem intenção de fazer o mal, passam a nos privar dos nossos sonhos. Nossos pais dizem que algo não é possível, para não pensarmos tão grande, para não nos frustrarmos e para arranjarmos um emprego e seguirmos a vida de uma "pessoa normal".

Eu não poderia ser mais contra essa formatação da sociedade que faz com que todo mundo viva no lugar-comum.

Aproveitando que estamos no início de nossa jornada juntos, quero contar-lhe um pouco da minha história, para que entenda como também já sofri muito com isso e consegui superar algumas barreiras psicológicas que me impediam de alcançar meus objetivos.

Quando comecei minha busca em direção ao autoconhecimento, autodesenvolvimento e alta performance, eu sinceramente não imaginava que pararia aqui, na sua frente, por meio dessa ferramenta incrível que é o livro.

Tudo aconteceu de forma quase que inusitada; foi simplesmente um estalo em minha mente e alguns acontecimentos, uma realização foi seguindo a outra, até ser completada e chegarmos aqui onde estamos, juntos, para conquistarmos mais, atingirmos mais e sermos mais.

Eu nasci e cresci em São Paulo, na capital, onde fiquei a maior parte de minha vida (por apenas um ano fui morar no Nordeste devido a uma oportunidade profissional).

Sou da classe média brasileira e, para ser honesto, sempre tive uma vida confortável, nunca me faltou nada e meus pais sempre me proveram do bom e do melhor: melhores escolas, oportunidade de fazer aulas de tênis, escolas de inglês, melhores faculdades, viagens internacionais.

Sim, a verdade é que tive uma vida muito mais confortável do que a maioria dos brasileiros e, por isso, sou eternamente grato à minha família, que sempre batalhou para que nós tivéssemos acesso ao que há de melhor em nosso país.

Tenho um irmão quatro anos mais velho e acredito que, pela influência do meu pai, independente das excelentes condições que nos deu, sempre estivemos dispostos a estudar, ter as melhores notas, passar nas melhores faculdades e começar a trabalhar desde cedo.

Nós sabíamos que mesmo sendo, de certa forma, sortudos por termos uma família com condições para fazermos o que queríamos, aquilo tudo tinha um preço, um custo para nossos pais, e o mínimo que deveríamos fazer era recompensá-los por investirem em nosso desenvolvimento para nos tornar seres humanos melhores.

Sendo assim, sempre tive boas notas, nunca tive problemas durante os meus estudos e me formei com tranquilidade em publicidade e propaganda, com o meu TCC reconhecido como um dos melhores do ano. O que inclinou, na época, a entender um pouco mais sobre o meio acadêmico.

Eu já trabalhava como estagiário na empresa do meu pai há pelo menos um ano, entretanto, queria me aprofundar na possibilidade de me tornar professor e, possivelmente, referência no setor.

Comecei sendo orientador de TCC (trabalho de conclusão de curso), logo depois que me formei, e a me informar mais sobre mestrados, doutorados e assim por diante.

Nesse meio tempo, desenvolvi a minha carreira no mundo executivo.

Sempre tive a ambição positiva de construir uma carreira rápida e de sucesso, tinha metas de idade para chegar aos cargos de gerente, de diretor e metas financeiras de remuneração, quanto deveria ganhar por ano, que carro deveria ter, que trabalho gostaria de desempenhar etc.

Mas, mesmo assim, nunca havia tomado meu tempo para colocar essas metas no papel, escrever prazos 100% claros e alinhados com minhas expectativas, nunca havia parado para planejar mais do que um ano para frente, pensar em meu propósito, planejar o que era a minha liberdade financeira, qual o montante que deveria atingir em minha vida para me considerar realmente livre de qualquer obrigação e trabalhar somente por prazer e para transformar esse mundo em um lugar melhor.

Um pouco depois de ter me formado, iniciei um MBA em gestão de negócios com o objetivo de impulsionar ainda mais minha carreira, aumentar a minha remuneração e atingir as minhas metas de forma mais rápida e precisa.

É o que muitos brasileiros fazem, acreditando que essa velocidade pode impulsioná-los no mercado de trabalho.

A grande verdade é que isso não aconteceu comigo, o que foi uma enorme frustração.

Na época, eu me via como uma pessoa relativamente bem-sucedida, me formei com louvores, tinha entrado de certa forma no meio acadêmico, virei gerente de multinacional com 24 anos, fiz um MBA e estava seguindo todo meu plano à risca, porém, não era o suficiente.

Em um momento parei para refletir por que o que eu tanto queria em minha vida não estava acontecendo.

Qual o motivo de não estar atingindo o que queria atingir?

Se eu continuasse dessa forma não chegaria aonde queria em minha carreira e vida, não teria tudo aquilo que tanto sonhei; nesse instante, senti um enorme medo de continuar vivendo dessa forma e, lá na frente, com meus 50 e poucos anos, olhar para trás e me arrepender de alguma coisa que não fiz ou que deixei de enxergar.

Este é um pensamento que guia a minha vida em tudo o que faço ou planejo fazer e que me impediu de tomar diversas decisões erradas durante a minha trajetória: prefiro me arrepender por algo que fiz e não deu certo do que jamais iniciar algo e ficar pensando no que poderia ter sido.

Aprendi com o tempo que o arrependimento do que poderia ter sido é o que menos vale a pena. O arrependimento de não ter dado certo é muito melhor — primeiro, porque tira a dúvida de sua mente e, segundo, porque lhe traz aprendizado. Entendi que esse tipo de aprendizado muitas vezes é melhor do que qualquer curso que possa fazer.

Quando tive esse "estalo" de que as coisas não estavam seguindo da forma que eu queria, que não atingiria o que tanto sonhava, finalmente, decidi mudar.

Digo mudar em todos os sentidos: mudar de vida, mudar de comportamento, atitudes, mudar o planejamento, mudar o mindset como um todo!

Analisando hoje todo o meu caminho, vejo o quanto esse momento de reflexão e o que chamo de "estalo" foram importantes para mudar a minha vida de uma vez por todas, deixando-a mais divertida, desafiadora, alegre e recompensadora.

Atualmente, consigo enxergar o quanto as influências que tive durante a minha vida podem, de certa forma, ter-me moldado para chegar até aquele ponto em que tomei a decisão de fazer diferente e o quanto as outras influências que tive viraram minha vida de cabeça para baixo, de forma positiva.

O que tinha me levado até meu ponto de decisão e frustração era meu mindset.

Parei para refletir sobre isso.

De onde saíram as influências que tinham moldado a minha vida daquela maneira e que, talvez por sorte, eu tenha conseguido fugir.

O primeiro ponto que comecei a analisar foi qual era a minha visão de vida antes, que padrão eu seguia, qual seria a minha visão depois e o que eu queria desenhar como novas possibilidades.

O padrão anterior ficou muito fácil de definir, pois é o padrão que a maioria das pessoas, não só no Brasil, como no mundo inteiro, segue:

- Estude bastante e tire boas notas.
- Entre em uma boa faculdade.
- Arranje um bom emprego 9/5 (trabalhe 9 horas por 5 dias).
- Curta os seus fins de semana.
- Poupe o máximo de dinheiro que conseguir.
- Seja grato pelas condições e oportunidades que teve.
- Aposente-se com 65 anos com tudo o que guardou e leve uma vida tranquila dali para frente.

Isso lhe parece familiar? Já ouviu ou seguiu esse padrão alguma vez na sua vida?

Ao escrever esses pontos para mim mesmo, imediatamente comecei a procurar as origens para que eu tivesse esse mindset que hoje chamo "das massas".

Sabe qual o motivo de chamá-lo assim?

Porque a maioria das pessoas está vivendo a vida dessa forma, sem pensar que existem outras possibilidades, sem refletir que na vida podemos fazer as coisas de forma diferente, da forma que quisermos e, com isso, termos resultados diferentes.

Observe o que acontece com tudo à sua volta durante o dia!

As pessoas em filas para o transporte público ou no trânsito, todo dia, no mesmo horário. Quase 90% indo para um emprego que não gostam apenas para ter uma remuneração que não as satisfaz.

Passam o dia trabalhando em algo que não as alimenta em espírito, encontram filas na hora de almoçar, filas no elevador na volta do almoço, torcem para o relógio bater as 18h e poderem se despedir de seus colegas.

A manhã de sexta-feira já é motivo de comemoração. Agora a semana acabou e elas poderão curtir o fim de semana. A sexta já é um dia em que se trabalha mais relaxado, os almoços e cafés são mais longos, porque o dia é mais leve, alguns saem mais cedo e, assim, chegamos ao sábado.

Fim de semana são aqueles dois dias mágicos em que conseguimos finalmente curtir a vida para esquecer os últimos cinco que já passaram. Então, nos divertimos com nossos amigos, saímos para comer e beber, para comemorar que, afinal, estamos livres.

Porém, domingo à noite, o ciclo negativo reinicia. Hora de voltar para a realidade.

Na segunda de manhã teremos que ir novamente para o escritório, o trabalho que não satisfaz, o trânsito, o almoço tumultuado, as filas, o cansaço.

Esse é o mindset das massas.

O que mais me preocupa é que temos grande parte da população vivendo assim sem sequer perceber. E a cada semana torcem para que cinco dias de suas vidas — isso mesmo, cinco dias — passem voando para aproveitar dois.

Matematicamente falando, estamos infelizes por cinco dias (71% do nosso tempo) e satisfeitos por dois dias (29% do nosso tempo).

A reflexão que sempre peço para as pessoas fazerem é: vale a pena?

Estou dizendo que todo emprego é assim?

Não!

Apenas que a maioria das pessoas está vivendo assim. É pesquisa.

Digo isso porque era exatamente o modo como eu vivia, até ter o estalo.

Meu segundo passo foi começar a procurar desesperadamente por outras influências para que não só eu, mas a maioria da sociedade estivesse pensando dessa forma.

Seria influência dos nossos pais?

Difícil. Se eles pensam dessa forma é porque tiveram as mesmas influências.

De quem é então?

Para mim, de diversos fatores e entidades que alimentam esse *modus operandi* de forma contínua.

O governo sempre falando do emprego 9/5 comum. Que parece defender o trabalhador, mas na verdade defende a mentalidade que mantém o status quo. Se ele se preocupa realmente com as pessoas, por que não incentiva mais o pequeno empreendedor? Aquela pessoa que, além de girar a economia, gerará cada vez mais empregos?

O governo que estimula o sonho da casa própria como objetivo de toda família. Para quê? Para girar a economia. Em troca disso, as pessoas ficam endividadas por 30 anos para poderem quitar suas prestações e com medo de fazerem algo diferente porque não podem ficar inadimplentes.

O governo que cobra um imposto de renda gigantesco (diga-se de passagem, um dos maiores do mundo) em cima da remuneração de todos os empregados do país, com o objetivo de fazer girar a máquina pública. Seria por isso que ele depende cada vez mais do emprego formal?

Seriam as grandes instituições de ensino?

Acho importante deixar claro um ponto. Não estou falando que o ensino não é importante, longe disso, acredito profundamente no ensino e no autodesenvolvimento. O conhecimento é o maior ativo que terá em toda a sua vida, um componente fundamental para todos que querem ser bem-sucedidos.

Minha crítica aqui vai para o ensino formal.

Esse método de ensino está ficando cada vez mais ultrapassado e os resultados são cada vez piores.

Estamos seguindo as mesmas regras há anos, as crianças e adultos têm que aprender seguindo os mesmos padrões e metodologias que, atualmente, não funcionam mais.

As pessoas são formatadas para decorar e responder a provas. A criatividade não é incentivada, os novos modos de pensar não são incentivados, o propósito em fazer aquilo que estão fazendo e aprendendo não é sequer discutido.

Questiono-me até hoje por que não aprendemos na escola as coisas que são fundamentais para a vida de qualquer pessoa que queira uma realização maior:

- Propósito: Quando na escola refletimos sobre o que estamos fazendo e o que queremos fazer?

- Metas: Saímos do ensino formal e não sabemos nem desenhar objetivos para nós mesmos. Como seremos bem-sucedidos?

- Dinheiro: Essa é uma ferramenta sobre a qual as pessoas constantemente querem aprender mais, pois implica em liberdade. Onde buscaremos conhecimento sobre isso?

E a lista poderia ser muito mais longa.

Isso acontece porque, na maioria das vezes, estamos aprendendo com pessoas que têm exatamente a mesma mentalidade e estão ensinando-a, sem nunca terem aprendido em suas vidas nenhum desses pontos que estou colocando.

Sendo assim, a mentalidade das massas, da mesmice, perpetua-se, fazendo com que o número de pessoas insatisfeitas com a própria vida cresça, ano após ano, sem chegarmos a uma solução.

Por esse motivo é que acredito tanto no ensino não formal (que não venha de escolas, faculdades e universidades).

O ensino formal deve ser um complemento de tudo que aprendemos na vida e não o seu todo, como costumamos tratar.

Como citei anteriormente, fui para a escola, faculdade de primeira linha, fiz MBA.

E isso não fez com que eu chegasse aonde queria.

Estava aprendendo com pessoas que também não chegaram aonde eu queria chegar, não tinham construído o que eu queria construir.

Como poderiam ensinar então?

Não poderiam.

Isso é um chamado para você que quer pensar e fazer diferente.

A partir desse momento, comecei a enxergar e a procurar coisas que tivessem mais sinergia com o meu propósito e objetivos.

Passei a me perguntar constantemente: como as pessoas que atingiram o máximo de sucesso chegaram lá? Como elas superaram a barreira do que consideramos impossível e construíram uma vida que a maioria de nós imagina somente em sonhos?

Percebi, ao longo de anos de pesquisas, que diversos padrões se repetiam — e você terá acesso a muitos deles neste livro.

Muitas pessoas bem-sucedidas tiveram dificuldades em sua vida, cresceram e construíram seus impérios a partir do nada. Quer dizer então que, como tive uma infância mais tranquila, não poderia construir algo grandioso?

Claro que não.

No entanto, é um sinal claro de que algum gatilho dentro da mente dessas pessoas fez com que elas pensassem e se comportassem de forma diferente. Que construíssem algo diferente e não simplesmente se curvassem à mentalidade das massas.

Esse tipo de pessoa considera profundamente o aprendizado não formal como um dos maiores responsáveis pelo seu sucesso.

O que quero dizer com ensino não formal?

- Livros.
- Cursos ministrados por essas próprias pessoas ou por quem atingiu aquilo que tanto deseja; como, por exemplo, aprender sobre dinheiro com uma pessoa multimilionária e não em uma faculdade de finanças.
- Coaching.
- Mentores.

A maioria das pessoas nem reflete sobre essas ferramentas, que estão à disposição e são poderosíssimas.

Passei a aprender com quem já sabia fazer o que eu queria, e você nem imagina o quanto de caminho isso corta!

Aprenda sobre dinheiro com milionários.

Aprenda sobre empreendedorismo com grandes empreendedores.

Aprenda sobre vendas com grandes vendedores.

Esse é um caminho que o ensino formal não possibilita. Ele é mais curto e mais produtivo.

Durante toda essa minha pesquisa, minha mente e meus pensamentos mudaram de forma considerável.

Passei a enxergar tudo como uma possibilidade, diferente de antes.

Antes eu tinha certeza de que sucesso, carros, família próspera e grandes casas eram benefícios que estavam reservados a poucas pessoas sortudas, que nasceram com fortunas ou que tiveram muita sorte ao longo de sua carreira ou de seus empreendimentos e que, por esse motivo, chegaram aonde chegaram.

Eu não poderia estar mais enganado.

Todas essas pessoas enxergaram oportunidades onde a maioria de nós não enxerga, tiveram a coragem de correr alguns riscos, trabalharam extremamente duro para isso e, como resultado, chegaram a alguns lugares que alguns de nós apenas sonha chegar.

Já ouvi de diversas pessoas que chegaram ao topo: foque seus objetivos, corra riscos, trabalhe extremamente duro para atingi-los e chegará lá.

E tome cuidado: independente de quanto esforço colocar em prática, as pessoas lá na frente ainda dirão que foi sorte!

Que ironia! Isso realmente acontece. E aprendemos dessa forma.

Essa é a mentalidade que eu sonho em mudar e com isso abrir caminhos em sua mente para acreditar que, se quiser, tudo realmente é possível.

Faz sentido? Vale o investimento de tempo?

Então vamos falar da sua programação mental e como estabelecer novos padrões.

Siga os passos

Quando comecei a refletir sobre isso, e quero muito que faça o mesmo, as coisas não fizeram sentido. Ora, se algumas pessoas podem e conseguem, por que eu não posso? Por que não vou conseguir? O que eu tenho de pior que os outros que me impediria de conseguir algo com que sonho?

Repare, as pessoas mais bem-sucedidas do mundo, em sua maioria, saíram do zero. Não tinham nada em sua infância, muitas passaram dificuldades, algumas já passaram até fome e, atualmente, são consideradas as pessoas mais prósperas que existem. Elas não tiveram educação formal, várias não foram para às melhores faculdades, ou sequer foram a uma, e não tiveram ajudas externas ou "berços de ouro".

Sabe o que esse padrão nos diz? Que, **invariavelmente**, tudo é possível.

Tudo é possível para quem acredita, está disposto a colocar o esforço necessário para atingir o que deseja e fazer as escolhas corretas.

O que realmente diferencia essas pessoas de todas as outras é a força de vontade. O desejo. Um desejo pulsante e que pega fogo de ser bem-sucedido, de atingir o topo, de reverter o status quo em que elas nasceram e passaram a vida, de fazer algo grande, de atingir excelentes resultados.

Elas não param até atingir o que querem.

Isso faz com que elas **nunca** falhem.

Se as pessoas não pararem e continuarem fortes até conseguirem o que querem, como elas podem falhar? A falha só acontece quando você desiste de algo, quando admite para si mesmo que chegou ao final do caminho, que aquilo que estava tentando não deu certo.

Como algo pode não dar certo se ainda não acabou?

NÃO PODE.

E é assim que você deve pensar em sua jornada ao sucesso e aos seus sonhos, como um caminho contínuo, que você constrói dia após dia e nunca para, até que esteja 100% realizado e tenha claro que o que veio fazer nesse mundo foi alcançado.

No final, as coisas não se resumem somente à técnica, ao conteúdo, ao conhecimento.

Veja, o aprendizado contínuo é sim um dos aspectos mais importantes da sua jornada ao sucesso, não há dúvidas, e vamos falar mais sobre isso mais para frente. Porém, o grande segredo está em como você programa seu cérebro, como estrutura seu mindset, seu raciocínio, no que acredita ser possível e por quanto tempo está disposto a superar situações difíceis para chegar aonde tanto sonha.

Como dizem, a dor é temporária; o seu sucesso e glória durarão para sempre.

O tempo é passageiro

Outro ponto importante do qual devemos sempre nos lembrar: a vida é uma só.

E, por mais simples que pareça, todos nós já nos esquecemos disso em algum momento. Deixamos as coisas acontecerem sem nosso controle, sem comprometimento, sem planos.

Não damos o valor adequado a esse dom que recebemos, a essa dádiva chamada vida, não vivemos intensamente como nós merecemos.

Se a partir de agora não focarmos atingir nossos sonhos, ir atrás do que desejamos, quando o faremos?

Só peço que pense a respeito.

Não deve ter coisa mais frustrante do que chegar ao final de sua vida e se arrepender daquilo que devia ter feito, de não ter dado atenção adequada ao tempo e percebido o quanto ele é passageiro, o quanto é rápido.

Não importa onde esteja agora, sua situação, seu status, sua idade. O primeiro passo é acreditar e desenvolver a sua mente para dizer a si mesmo que tudo é possível.

Acredite, e daqui para frente o será.

Antes disso, eu nunca pensaria em abrir meu próprio negócio, ter um curso desenvolvido por mim, dar treinamentos, palestras e até mesmo escrever esse livro.

Diga-se de passagem, já quebrei um negócio uma vez, recuperei-me e construí outro, porque eu não podia parar. Não enquanto não atingisse o que queria e ajudasse outras pessoas ao longo do caminho.

Então decida **agora** fazer essa mudança de pensamento. Aproveitar tudo o que a vida tem de melhor, tudo o que merece.

É triste, mas a maioria das pessoas passa toda a vida apenas contando as horas, apenas vivendo dia após dia, sem sonhar com aonde gostariam de chegar, o que gostariam de fazer e realizar.

Que jeito de desperdiçar essa dádiva!

Você não pode ser uma dessas pessoas.

Utilize todos seus recursos

O seu cérebro é como um microcomputador. É a ferramenta mais poderosa que existe.

Mesmo assim, muitas pessoas não utilizam essa ferramenta em toda sua plenitude.

Que sentido faz se tivermos essa máquina superpoderosa e não a utilizarmos para todo nosso potencial? Não estamos aproveitando o que nos foi dado como deveríamos.

As pessoas foram criadas para conquistar coisas incríveis. Não faria sentido sermos criados para não sermos grandes, ajudarmos uns aos outros, construirmos grandes histórias.

O seu cérebro funciona como um GPS interno. Tudo o que focar, o que programá-lo para atingir, ele atingirá. Ele lhe dará a resposta. No coaching, sempre falamos que pergunta dada ao cérebro é pergunta respondida. Isso porque ele não vai parar até achar no seu subconsciente uma resposta para o que está procurando.

Se focar o que quer, constantemente, e condicionar o seu cérebro para isso, as respostas aparecerão ao longo do caminho. É surpreendente, mas começará a perceber coisas que não percebia antes no seu dia a dia e que farão sentido como peças do quebra-cabeça se encaixando na sua jornada.

As respostas aparecerão!

Sem programar o seu cérebro para isso, o seu subconsciente, que processa informação muito mais rápido do que seu consciente, não presta atenção a esses estímulos. Por que ele prestaria atenção, se você não lhe está dizendo o que quer? Aonde deseja chegar? Ele é extremamente eficiente, mas precisa de um norte claro para procurar uma resposta.

Esse é o grande segredo!

Então pare agora a sua leitura para fazer o que pode ser um dos exercícios mais importantes da sua vida.

O seu exercício dos sonhos.

Exercício dos sonhos

Vamos deixar bem claro para seu subconsciente o que quer atingir — aonde quer chegar. Sem censuras, sem barreiras, sem limites. Apenas sonhe e coloque sua visão em um papel.

É importante que você tenha uma visão bastante clara dos pilares e princípios que quer implementar em cada parte de sua vida. Caso sua visão seja muito genérica, não funcionará. Seu subconsciente precisa de detalhes.

Você precisa escrever pelo menos três coisas que quer atingir no espaço de um ano em cada pilar. Tenho certeza de que consegue até mais do que três, mas três é o mínimo.

Tome o tempo que achar necessário.

Se preferir, pode fechar os olhos e deixar sua imaginação correr solta. Seu subconsciente trará imagens do que considera ideal, caso você permita.

Não se preocupe em nenhum momento com o **COMO**!

Isso pode bloquear a sua vida. **O COMO** nós descobriremos mais para frente; no entanto, só podemos fazer isso se tiver muito claro o **O QUÊ**. Não se prive. Esse exercício trará um grande impacto em sua vida.

1. Primeiro, em sua vida financeira.

   O que tem de visão em termos de renda? Qual é o valor?

   _____

   E de fluxo mensal de receita? Quanto dinheiro tem investido, qual é o seu patrimônio?

   _____

   Como é sua casa? Onde ela está localizada? Tem varanda, jardim, churrasqueira? Os móveis são claros, escuros?

   _____

   Tem carro? Qual?

   _____

Liste todos os bens ou sonhos que tem. Preencha todos os detalhes.

2. Carreira.

   Onde está trabalhando? O que faz na sua rotina? Quais as suas companhias? A empresa é sua ou é empregado? Quem são seus clientes?

   _____

3. Recreação.

   O que faz no seu tempo livre? Como curte com seus amigos e família? Quais os seus hobbies? O que quer de férias? Como se diverte?

   _____

4. Saúde.

O que quer para sua saúde e seu corpo? Está saudável, forte, flexível? Está praticando atividades físicas? Está comendo coisas saudáveis? Tomando bastante água ao longo do dia?

5. Relacionamentos.

Como são seus relacionamentos com família, esposa, marido, namorada, irmãos, amigos? São amigáveis, construtivos, parceiros?

6. Vida pessoal.

Você se vê desenvolvendo-se ainda mais? Fazendo treinamentos? Indo a palestras? Fazendo meditação? Tocando algum instrumento? Escrevendo um livro?

7. Sociedade.

Que tipo de atividade está fazendo para ajudar os outros? Doações? Trabalho voluntário? Ações para o meio ambiente?

Quando terminar esse exercício, quero que perceba seus sentimentos.

Você se sentiu empolgado, realmente extasiado com o que acabou de colocar no papel, com o que acabou de imaginar? O quanto de energia isso lhe trouxe?

Para a maioria das pessoas, isso é praticamente uma injeção de adrenalina instantânea.

Consistência e conexão

Agora sua missão é manter essa energia e motivação. E pode fazê-lo relendo a visão que acabou de colocar no papel todo dia.

Isso mesmo, todo dia!

Além de motivá-lo, isso começará a condicionar o seu subconsciente a focar o que realmente deseja e lhe trará estímulos para atingir isso.

Esse será o seu GPS interno.

Então, fique atento! As coisas aparecem sem que perceba, você precisa estar disposto a aproveitar as oportunidades, porque elas são efêmeras e, se não agarrá-las no momento, podem não voltar mais.

O que recomendo ainda é dividir essas visões com um amigo ou familiar próximo, em quem confie e tenha intimidade. Não pode ser uma pessoa que o possa desmotivar ou julgar as suas visões de qualquer forma.

Quanto mais dividir isso com as pessoas, mais elas saberão o que deseja e encontrarão formas de ajudá-lo a chegar lá. Se ninguém sabe o que você quer, como poderiam ajudá-lo? Isso é fundamental e pode ser o ponto da virada para seus sonhos.

Com isso, em longo prazo, você começa a formar uma rede de relacionamentos, de pessoas que possuem contatos, que possivelmente corta caminhos para lhe ajudar em sua jornada.

Acredite, o mundo é feito, em sua maioria, por pessoas querendo o bem e ajudar as outras. Aproveite, monte sua rede de relacionamentos e ajude os outros também — todo mundo só tem a se beneficiar disso.

Os novos capítulos da sua vida estão sendo escritos neste exato momento por você.

O quão empolgado e feliz está com isso?

As respostas virão. As oportunidades virão.

Aproveite e sempre retome a pergunta do começo do capítulo: O quanto deseja?

Se preferir, em vez de escrever no livro, preparei um e-book para ser preenchido com os exercícios deste capítulo. Acesse: **www.pauloibri.com.br/livro** e coloque seu e-mail para fazer download do material. Este conteúdo também encontra-se disponível em: **altabooks.com.br** (busque pelo título do livro).

Seu Núcleo

"Núcleo é o elemento central na composição de qualquer estrutura. E é ele que nos torna humanos."

Acredito que todas as pessoas têm um propósito de vida, e também que descobri-lo é uma das coisas mais importantes que pode fazer durante a sua jornada.

Quando você descobre o seu propósito de vida, descobre o seu porquê, injeta paixão em tudo o que faz, coloca alegria nas coisas, torna-se motivado e determinado.

Conhecer o propósito de vida trás uma sensação de realização interna para tudo o que faz e que dificilmente outra coisa em sua vida lhe trará.

As pessoas que não têm um propósito de vida, que infelizmente são várias, ficam "vagando" ao longo dos anos, sem saber direito para onde ir, o que fazer ou como será o seu futuro.

Já as pessoas que têm um propósito, vivem a vida de uma forma completamente oposta; tudo parece se encaixar no lugar certo.

Estar alinhado com o seu propósito significa realização, felicidade com tudo o que faz, fazer o que gosta e conquistar o que é realmente importante para você.

Ao viver dessa maneira, as coisas boas gravitam em sua direção, mais recursos aparecem a todo o momento, mais pessoas importantes que podem ajudá-lo na realização dos seus sonhos, e no final todo mundo se beneficia — o seu mundo interno e o mundo externo.

Com um propósito claro e escrito para si mesmo, você passa a ter um guia para a sua vida, um guia para as suas decisões, para suas metas e para seus desejos. Ao unir o seu propósito com os seus valores, você ganha um senso de claridade para tudo o que quer fazer e por qual caminho realmente quer seguir.

Propósito claro de vida

Este capítulo tem o seguinte objetivo: ajudá-lo a encontrar e definir claramente o seu propósito para aproveitar todas as forças propulsoras positivas do mundo e, com isso, trazer-lhe mais alegria.

Ao analisar pessoas excepcionalmente bem-sucedidas, notará que todas têm um propósito claro pelo qual trabalham e pelo qual acreditam que estão vivendo.

Mark Zuckerberg, fundador e CEO do Facebook, por exemplo, tem como missão e propósito conectar todas as pessoas do mundo da forma mais simples possível.

Richard Branson, fundador do grupo Virgin e bilionário, tem como missão se divertir durante a sua vida e aprender com os seus erros.

Coloquei para mim uma missão mesmo de desenvolver e distribuir produtos e serviços que ajudem as pessoas a viver uma vida melhor, mais feliz e mais balanceada. É em volta disso que todos os meus negócios são desenvolvidos.

Recentemente, com a nova geração de jovens, muito tem sido discutido sobre propósito, por que fazemos o que fazemos e realização no trabalho.

Particularmente, fico feliz com esse tipo de discussão, já que sou um crítico fiel das pessoas que levam suas vidas dia após dia sem saber para onde estão indo, seguindo apenas o status quo e vivendo como manadas.

Sua vida e corporações

Provavelmente você já trabalhou em algumas empresas ao longo de sua vida; e se está lendo esse livro é porque quer enxergar algumas coisas diferentes para si mesmo, certo?

Reflita por alguns instantes.

Tenho certeza de que muitas empresas nas quais trabalhou têm definidos de forma clara quais são sua missão e valores, muitas vezes colocados em algum quadro na parede do saguão principal na recepção.

O que me assusta é pensar que desenvolvemos isso para quase todas as empresas do mundo, porém não fomos ensinados a desenvolver a missão e propósito para nós mesmos.

Se até as empresas precisam de um porquê para existir, um núcleo central em que tudo gira à sua volta, como nós, seres humanos e extremamente emocionais, não definimos isso para nós mesmos logo no começo da nossa jornada?

De novo, porque não fomos ensinados.

Porque a maioria das pessoas não sabe o quanto isso é fundamental para a sua vida, não por preguiça, mas por falta de condicionamento.

O seu propósito é o porquê que está por trás de tudo o que faz. Se não tem um porquê, qual o motivo de ir atrás de algo e trabalhar duro para atingir os seus objetivos?

Mais do que isso: se não tem um porquê, mesmo se atingir todos os seus objetivos e trabalhar duro, quando estiver no topo, vai invariavelmente se perguntar "o que estou fazendo aqui?"

E possivelmente entrará em uma crise existencial e psicológica.

Descobrindo seu propósito

Quantas pessoas já não viu que conquistaram elevado nível de sucesso, que tinham tudo o que a maioria das pessoas sempre quis, como dinheiro, fama, liberdade, poder, e simplesmente ficaram descontentes e entraram em níveis agudos de depressão?

Isso acontece a quem falta um propósito.

Porém, não acontecerá com você.

Esse é um dos conceitos centrais de tudo o que verá, pois, como disse, ele é o núcleo de sua existência.

Com um propósito muito forte, que é o seu porquê, você facilmente desenhará o "o que", que serão as metas que quer atingir ao longo da sua vida e o "como", que são os caminhos e artifícios que quer colocar à disposição para chegar lá.

Provavelmente está achando o conceito muito interessante, está ficando um pouco curioso e se perguntando: afinal, como descubro meu propósito?

Existem diversas teorias, técnicas e práticas para conseguir chegar da maneira mais simples e prática ao seu propósito e escrevê-lo para revisá-lo constantemente.

Vou descrever o passo a passo que mais funcionou para mim e que mais fez sentido ao longo da minha jornada.

A primeira coisa que aprendi é que existem grandes indícios para nosso propósito de vida nas coisas que nos trazem alegria ou que nos fazem sentir mais apaixonados, mais empolgados.

As pessoas sabem que estão no caminho certo quando sentem prazer e alegria dentro delas.

Atenção: não estou sugerindo que daqui para frente, ao descobrir o seu propósito, você estará feliz o tempo inteiro. Contudo, na maior parte do tempo, é essa a sensação que sentirá enquanto estiver alinhado a isso e desenvolvendo tarefas que fazem sentido.

Pense: em quais momentos de sua vida sentiu mais alegria e mais prazer? O que estava fazendo nesses momentos?

Faça uma lista com pelo menos 3 desses momentos.

1. _____

2. _____

3. _____

Analise sua lista.

Existem temas em comum ou que possuem grandes semelhanças?

Se sim, quais são? Faça um link entre esses temas.

_____

Vamos agora dar um passo adiante para encontrar o seu propósito.

Reflita um pouco sobre suas qualidades e habilidades. Quais são as que mais se sobressaem em você? O que o diferencia de outras pessoas? Determinação? Facilidade de relacionamento? Criatividade?

Liste de 2 a 5 qualidades que identificou:

1. _____

2. _____

3. _____

4. _____

5. _____

Agora pense um pouco nas qualidades que acabou de listar.

Como chegou a elas?

Quais as imagens que vieram à sua mente?

Que tipo de atitudes e comportamentos fizeram com que as escolhesse?

Quais as ações que realiza no dia a dia que geram essas qualidades?

Como você gosta de expressar essas qualidades?

Por último, imagine que o mundo é do jeito que sempre sonhou.

O que as pessoas estão fazendo? O que está acontecendo?

Em seguida, junte as respostas das suas qualidades, suas ações e seus desejos mais fortes, do seu mundo sem limites, colocando tudo em uma única frase.

Exemplo:

1. Determinação e criatividade.

2. Gosto de criar soluções digitais para as pessoas pouparem tempo.

3. A ansiedade das pessoas está menor, pois elas começaram a poupar tempo e aproveitar mais a vida.

Propósito: Desenvolver soluções digitais para que as pessoas poupem tempo, possam ser mais felizes e aproveitar mais a vida.

Claro, esse é um exemplo muito simples do que poderia ser o propósito de alguém.

Ele não precisa de fato ser complicado, mas precisa fazer sentido, precisa ser algo que o impulsione, que dê energia, que dê vontade de realizar cada vez mais coisas e que tenha, acima de tudo, um significado importante para você.

Não se engane pela simplicidade de todo o processo e pela simplicidade da sua própria missão. O fato de ser simples não a torna menos impactante.

Já comentei algumas vezes sobre todo esse meu período de descoberta e autoconhecimento, e admito que, no início, fiquei cético com relação à importância desse conceito.

Pensei muito se isso realmente poderia me ajudar a conquistar meus objetivos e realizar meus sonhos — até o dia em que decidi colocar tudo em prática, e minha vida mudou.

E ela muda mesmo; acredite em mim e se dê essa oportunidade.

As oportunidades realmente começam a aparecer, você ganha um impulso de energia que não tem como explicar —é preciso vivenciá-lo —, e as suas conquistas começam a aparecer de uma forma que provavelmente não imaginava que poderiam.

Não perca a oportunidade de fazer isso agora!

Se não fosse por esse simples exercício, este livro não estaria em suas mãos, e um dos meus sonhos de ter uma publicação nacional com uma grande editora nunca teria virado realidade.

Acredite, acredite, acredite.

Sempre gostei de desenvolver novos projetos, novos negócios e implementar algumas ideias empreendedoras. No entanto, sempre o fiz isso por intuição, pois até pouco tempo atrás eu também não tinha meu propósito escrito e claro para mim mesmo.

ADMITO!

Decidi tomar essa iniciativa para entender que nível de clareza isso me daria. Comecei a reparar que as coisas que eu queria desenvolver seguiam um padrão e um objetivo final comum, por exemplo: coaching, mentoria, livros, alimentação saudável, mindfulness. Tudo está diretamente relacionado a pessoas, ao seu bem-estar, ao seu desenvolvimento e, por consequência, a uma vida melhor.

Meu núcleo gira em torno disso. Sempre me pergunto como posso ser disruptivo e agregar mais na vida das pessoas, seja por meio de produtos ou serviços.

Sugiro que experimente esse exercício sem preconceitos e sem bloqueios mentais. Com isso, terá a noção do quanto de clareza sua vida passa a ter e para onde mirar todos seus esforços e objetivos. É muito poderoso!

O foco é uma das forças mais importantes para realmente conquistar o que quer, já que o mundo é lotado de oportunidades. Se unir o seu propósito com as oportunidades, você tem a equação mais forte que qualquer ser humano poderia ter para desenvolver novos projetos e novas iniciativas.

Quando se compromete a seguir o seu propósito, desenvolve o seu potencial e as suas habilidades ao máximo e coloca tudo em uso ao mesmo tempo, para você, para sua família e para o mundo.

Uma das principais atividades para fazer pelo seu propósito é simplesmente deixá-lo emergir e aparecer do jeito que ele é.

Você é o que é e precisa apenas seguir o que o faz feliz, de modo autêntico.

Cada um tem o seu modo de levar a vida.

A escolha é sua. O mais importante de tudo é ter claro e ser verdadeiro com o seu propósito e consigo mesmo.

Quando você sabe o seu porquê, fica muito mais fácil ter a motivação interna para atingir tudo o que tanto sonha e superar quaisquer obstáculos que apareçam pelo caminho.

E um dos principais fatores que fazem com que você atinja seus sonhos é a definição de metas.

E é disso que falaremos agora!

A Força Propulsora

"O problema das pessoas não está nas metas agressivas que não atingem, está nas metas conservadoras que atingem."

Nesse momento, você já deve estar "sintonizando" a sua mente em uma frequência diferente daquela com que estava acostumado, percebendo oportunidades diferentes à sua volta e pronto para encarar novos desafios.

Como falei no capítulo anterior, esses dois capítulos têm o potencial de mudar completamente a percepção que tem de resultados em sua vida.

POR FAVOR GRIFE ISSO.

Estas técnicas têm o poder completo de mudar a sua vida, assim como mudaram a minha.

Quanto mais eu estudo sobre o assunto de metas, mais eu fico intrigado.

Como é que não aprendemos isso nas escolas? Nas faculdades? Como e por que a maioria das pessoas não sabe disso e, consequentemente, não passa esse conhecimento adiante?

Pois é.

Quando implementar essas técnicas e sentir a diferença enorme que farão em sua vida, você se perguntará a mesma coisa.

Hoje, já percebo claramente que uma pessoa que vive sem metas é uma pessoa que está ao relento. Que está utilizando seu tempo sem um objetivo específico, que está jogando sua vida à sorte, torcendo para que algo de bom aconteça no meio do caminho.

Como podemos chegar no lugar em que queremos e sonhamos, se não sabemos exatamente onde é esse lugar? Se não definirmos da forma mais específica do mundo qual o nosso objetivo, o que nosso subconsciente deve procurar?

A resposta é: não chegaremos.

É comprovado que as metas são fundamentais.

As metas devem ser os guias para as nossas vidas, o destino do nosso GPS, a direção para nosso cérebro.

O mais impressionante de tudo isso é que existem resultados comprovados cientificamente que ter metas definidas para si mesmo pode aumentar bruscamente os resultados que obtém em suas iniciativas.

Quero dividir um estudo a respeito de escrever metas, realizado pela Universidade de Harvard, nos Estados Unidos — uma das melhores, se não a melhor, universidade do mundo. O estudo foi realizado na década de 1980 e, quase 30 anos antes, um estudo similar foi realizado também pela Universidade de Yale, também entre as dez melhores dos EUA.

E, acredite, os resultados foram idênticos.

Isso apaga totalmente a possibilidade de ter ocorrido qualquer erro nos estudos, e os resultados o deixarão impressionado, assim como fiquei quando li o estudo pela primeira vez.

No estudo, foi perguntado a alunos, antes de sua graduação na faculdade, o seguinte:

Você estabeleceu metas escritas em sua vida e criou um plano para sua realização?

Determinou-se que:

Oitenta e quatro por cento da classe não estabeleceram nenhum objetivo ou meta; 13% da classe estabeleceram metas escritas, mas não tinham planos concretos para atingi-las; 3% da classe tinham metas escritas e planos concretos para atingi-las.

Os resultados?

Dez anos depois, os 13% da classe que estabeleceram metas escritas, mas não criaram planos, estavam fazendo o dobro do dinheiro em comparação com os 84% da classe que não estabeleceram metas.

No entanto, o mais assustador, e ao mesmo tempo motivador, é que os 3% da classe que tinham metas escritas e um plano para atingi-las, estavam fazendo dez vezes mais dinheiro do que o resto dos 97% da classe.

Impressionante! Dez vezes mais?

Isso prova claramente a importância dessa ferramenta. Se você ainda não estava convencido, provavelmente, convenceu-se agora.

Novamente, faço questão de dividir algumas experiências pessoais para que compreenda o quanto as metas podem afetar positivamente as nossas vidas.

Tenho um caderno em que guardo minhas metas diárias, mensais e anuais. Todas são revisadas duas vezes ao dia, programando meu subconsciente para atingi-las e reforçando a mim mesmo que isso é possível!

Este livro é o maior exemplo que lhe posso dar de uma meta. Sempre quis escrever um livro; porém, não conhecia os caminhos para fazê-lo, como entrar em contato com as editoras, como efetivamente colocar as palavras no papel, como organizar as ideias. Absolutamente nada.

Mesmo assim, essa era uma de minhas metas. Escrever um livro, em um ano, que se tornasse um best-seller no Brasil.

E consegui.

Quer o exemplo de como tudo isso começou? Vou contar essa história.

Como deve saber, leio muito. Acredito que essa é uma das melhores ferramentas de aprendizado que existem e que expande seu repertório como nenhuma outra. Estou falando de uma média de cinco a seis livros por mês (aliás, essa é outra meta pessoal que tenho).

Um dos livros que li, sobre inovação e disrupção, chamou muito minha atenção; o conteúdo fez muito sentido para o meu momento de vida. Havia lido o livro em inglês, porque gosto e porque o livro não existia no Brasil.

Ao finalizar a leitura, parei para pensar que não era justo que os brasileiros que não falavam inglês não tivessem acesso a esse tipo de material. E, por isso, entrei em contato com o autor, para que pudéssemos trazer a obra para o Brasil.

Para minha positiva surpresa, o autor foi extremamente receptivo e topou o desafio, então, começamos a trabalhar juntos.

Foi a partir dessa empreitada que iniciei a minha parceria com essa incrível editora chamada Alta Books e com todos os seus excelentes profissionais.

Daí em diante, a jornada foi de descoberta e entendimento. Passei a compreender como o mercado editorial funcionava, como melhor produzir meu livro, e coloquei a mão na massa!

Até o momento em que chegamos aqui, à publicação do livro e às casas dos nossos leitores (aproveitando, obrigado pelo tempo dedicado a essa leitura!).

Percebe o padrão que aconteceu aqui?

Vou deixar tudo superexplicado neste capítulo, mas é importantíssimo que escreva as suas metas. Sem bloqueios, sem medos, sem preconceitos. Não pense nos obstáculos, no que não conhece, na neblina que está no meio do caminho e o priva de enxergar o todo. Simplesmente escreva e se dedique ao máximo a atingi-las. É absolutamente incrível. O caminho se abrirá, você entenderá o passo a passo e chegará lá.

Dê um voto de confiança.

O que separa as pessoas comuns das bem-sucedidas

Os bem-sucedidos, conhecidos como *high achievers* (pessoas que atingem resultados acima da média), colocam metas para eles mesmos e não param até atingi-las.

O ciclo positivo de estipular e conquistar metas é extremamente simples: estabeleça metas para si mesmo com medidas e prazos determinados; alcance as metas; estabeleça mais metas; alcance as metas; estabeleça mais metas; alcance as metas. Faça isso para sempre.

A sua vida precisa ser regida pelas metas escritas. Você precisa saber exatamente o que quer atingir e até quando para perseguir aquilo que deseja.

Você merece ser tudo o que pode ser e atingir tudo o que pode atingir, entretanto, você e sua mente precisam desse processo para isso.

Mesmo sendo um processo que possui enormes benefícios, a maioria das pessoas não escreve metas para si mesma, porque existem diversas barreiras mentais para isso.

São elas:

1. Nunca foram ensinadas como estabelecer metas por seus pais ou professores.

2. Nunca aprenderam em nenhuma escola.

3. Elas, possivelmente, foram desencorajadas ou provocadas quando fizeram isso pela primeira vez.

4. Nunca receberam instruções corretas de como estabelecer metas.

5. Medo de rejeição ou deboche dos outros.

6. Medo do fracasso.

Nenhum desses motivos pode fazer com que deixe de escrever as suas metas de vida.

Por mais assustador que seja, menos de 10% das pessoas estabelecem metas ao longo de sua vida. Nós aprendemos história, química, física, contudo, não aprendemos a escrever as nossas próprias metas.

Repare o impacto que isso tem na vida das pessoas.

Se simplesmente escrevermos as nossas metas em um papel, vamos conseguir atingir muito mais do que imaginávamos ser possível.

Você precisa iniciar esse processo, para o seu bem!

Outro fator importante é que quanto mais você divide os seus objetivos com outras pessoas, mais poder suas metas ganham. Quando essas pessoas estão bem-intencionadas e se preocupam com você, elas também mobilizarão seus próprios recursos para ajudá-lo a chegar aonde tanto quer. Essa é a importância de se relacionar com pessoas que possam alavancar os seus resultados de alguma forma e que queiram ajudar os outros (falaremos mais sobre alavancagem mais para frente).

Além disso, é fundamental revisar suas metas diariamente, para elas ficarem enraizadas. Dessa forma, você pode visualizar em sua mente os seus objetivos, todos os dias, e encontrar diferentes maneiras de alcançá-los, motivando-se ao longo do tempo.

O processo é muito semelhante ao da visão, em que você treina o seu subconsciente para conseguir enxergar mais e mais oportunidades.

Obstáculos são oportunidades

Quando começar a escrever suas metas e seguir esse processo, será normal encontrar pessoas no meio do seu caminho que tentarão desencorajá-lo, desanimá-lo ou dizer que o que quer não é possível.

NUNCA DEIXE ISSO ACONTECER.

No final da sua jornada, poderá contar a história de como se tornou bem-sucedido e o quanto os seus esforços valeram a pena.

Você precisa aprender a ser um motivador para si mesmo. Como falamos, atingir os resultados dependem 100% de você e não dos outros, assim como escrever e atingir as suas metas pessoais.

O passo fundamental é que a meta precisa ser mensurável, tanto por você como por qualquer outra pessoa com quem queira dividi-la.

Conforme se move em direção à sua meta, você se depara com três coisas:

1. **Considerações:** Crença que parece demonstrar dificuldade.

2. **Bloqueios:** Dificuldades tangíveis que estão no seu caminho.

3. **Medos:** Sentimento de que algo pode dar errado no futuro.

O que acontece com a maioria das pessoas quando um desses fatores aparece é que elas param, desistem de fazer o que estavam fazendo. Mas você não pode parar, porque é impossível ir atrás de uma meta e não encontrar nenhuma dificuldade no caminho.

Se fosse ao contrário, quantas pessoas seriam bem-sucedidas e milionárias no mundo?

Todos esses obstáculos não são problemas; na verdade, são uma bênção para alcançar sua meta.

Sabe por quê?

Porque antes todas essas dificuldades no meio do caminho não estavam aparentes, mas escondidas. A partir do momento em que você se compromete a atingir uma meta, passa a entender os obstáculos, como superá-los e, além de se mover cada vez mais perto do seu objetivo, passa a aprender mais, a virar um mestre, e cada vez mais os obstáculos no caminho ficam menores, porque já passou por isso alguma vez no passado, tornando-se somente mais uma parte do processo.

A transformação

O mais importante para sua vida não é apenas alcançar suas metas, mas também o que você se torna ao longo do caminho, nessa jornada — essa é uma lição que aprendi, ao longo do tempo, conforme fui atrás dos meus objetivos. O conhecimento e a maturidade que você adquire não podem ser tirados por ninguém.

Então, não escreva metas simplesmente pelo que conquistará, e sim pela sua transformação durante esse período.

Mudando essa forma de pensar, já fica muito mais fácil se motivar, pois cada aprendizado é uma conquista por si só em seu caminho para atingir o sucesso.

Eu quero que preste atenção a um ponto.

Há pessoas que são movidas a metas por natureza; elas colocam metas para si mesmas, naturalmente, vão atrás e conseguem. E existem pessoas para as quais esse processo não é tão natural, elas não se enxergam 100% prontas, com todas as ferramentas, conhecimentos etc.

O segredo aqui, para iniciar esse hábito, é colocar metas que são desafiadoras e que podem melhorar a sua vida, no entanto, não tantas a ponto de ficar perdido ou ansioso porque não está conseguindo dar atenção às metas listadas.

Lembre-se sempre de que, se está começando esse hábito agora, não tem porque exagerar ou ir com muita sede ao pote! O importante é ficar confortável com as metas e elencá-las por ordem de importância para conseguir focar e atingir o que é mais relevante para você.

Como comentei acima, a primeira coisa que precisa fazer é estipular metas mensuráveis.

Para cada uma, anote seu objetivo de forma mensurável, de modo que se alguém de fora o observasse, saberia se atingiu ou não o que gostaria.

Um objetivo é curto, específico e mensurável e precisa ter um limite de tempo ou data até quando deve ser realizado.

Exemplos:

1. Eu gostaria de ter uma casa no oceano algum dia.

   Isso é um desejo, não é uma meta, pois não inclui a especificidade sobre a casa e o prazo de atingi-lo.
   Essa é a mesma declaração, colocada como uma meta:
   Terei uma casa de 2 mil metros quadrados, no bairro do Jardins, na cidade de São Paulo, até o meio-dia de 30 de abril de 2030.
   Outra técnica que eu uso para atingir as minhas metas é ter um multiplicador, para deixá-la ainda mais desafiadora e me motivar ainda mais. Isso reflete exatamente a frase que coloquei no início desse capítulo: colocar uma meta agressiva para você mesmo.

Caso trace uma meta extremamente agressiva, coloque o nível de esforço necessário e, se mesmo assim não atingir 100% do objetivo, eu tenho certeza de que o resultado obtido terá valido a pena. É melhor ter um multiplicador e atingir 85% da meta do que atingir uma meta mediana em 100%.

Um bom exemplo para multiplicar a meta acima e deixá-la ainda mais desafiadora seria o seguinte:

"Terei uma casa de 6 mil metros quadrados, no bairro do Jardins, na cidade de São Paulo, até o meio-dia do dia 30 de abril de 2030."

Outro exemplo:

Terei um carro esportivo até 30 de janeiro de 2030.

Terei um carro esportivo de R$500.000,00 até 30 de janeiro de 2030.

A ideia desse conceito é que você tenha um objetivo mínimo a ser atingido e um objetivo máximo (com o multiplicador).

O que acontece é que a maioria das pessoas começa com o mínimo, então elas se motivam e se esforçam para chegar ao alvo mais agressivo, porque esse sistema ajuda a criar o impulso que se precisa para ir cada vez mais longe.

Você já disse alguma vez: "Vou dar apenas uma arrumada na casa" e, quando percebeu, já havia limpado a cozinha, a sala e os quartos?

Tudo era apenas uma questão de começar. Assim como todos os grande resultados que se obtém na vida.

É igual à teoria do atrito — conceito simples que pode ser aplicado à toda a sua vida. O atrito é separado em dois tipos: o estático e o cinético. A força do atrito estático é quando o objeto ou corpo está em repouso; e cinético ou dinâmico é quando o objeto ou corpo já está em movimento.

Um carro é um bom exemplo disso. Para entrar em movimento, o carro precisa superar o atrito estático (começar a velocidade a partir do ponto zero). Quando o carro já estiver em movimento, ele continua tendo atrito, por exemplo, por meio do contato do pneu com o chão. Contudo, esse atrito contínuo, cinético, é mais fraco do que o inicial, sendo mais fácil se manter em movimento do que iniciá-lo.

Como no exemplo acima, o atrito estático precisa de muito mais força para mexer um objeto do que o atrito dinâmico, porque ele precisa começar o movimento. É exatamente isso que a sua primeira meta lhe propicia, o impulso inicial para o acelerar em direção ao seu objetivo. Dali para frente, ao atingi-lo, você se torna imparável.

Como escrever metas corretamente

Há vários métodos para escrever as metas corretamente, porém vou transmitir aqui um que é muito difundido e gera excelentes resultados. Isso garantirá que suas metas sejam escritas da melhor forma possível, tornando mais fácil alcançá-las.

Esse método é chamado de SMART, em inglês, e traduzido para português como EMARP.

- Específico
- Mensurável
- Atingível
- Relevante
- Prazo Determinado

Vou explicar cada um dos passos para ficar claro:

Etapa 1: "S" — Específico (Specific)

O primeiro passo no SMART é que os objetivos devem ser bastante específicos. Como falamos um pouco antes, quanto mais específico você é sobre seus objetivos, melhor e mais capaz será de realizá-los, independentemente do método que usa. Isso significa que você não apenas diz que quer ganhar mais dinheiro ou perder mais peso, você deve dizer exatamente quanto dinheiro quer fazer ou quanto peso quer perder. Deve colocar uma figura real e exata sobre isso.

Por que isso é tão importante? Porque sem especificações, não há alvo real, apenas uma direção obscura. Quando o objetivo é obscuro, ele permite que a sua mente o substitua.

Especificações são o combustível para o motor de seus objetivos. Você precisa fornecer detalhes, se quiser alcançar algo. Quando escrever seus objetivos, não tenha medo de ser o mais específico possível.

Passo 2: "M" — Mensurável (Measurable)

O segundo passo é estabelecer metas que sejam mensuráveis, para que tanto você como alguém de fora consigam medir se está ou não indo em direção à sua evolução. Não é possível melhorar algo que não é medido; é igual ao mundo dos negócios, mas, desta vez, as metas são suas.

Sem um formato claro para acompanhar seus resultados, sua motivação fica mais difícil, assim como o sentimento de sucesso fica mais distante.

Passo # 3: "A" — Alcançável (Attainable)

O terceiro passo é estabelecer metas que possam ser alcançadas. Nós já dissemos que o seu trabalho é sonhar grande, porém aqui você precisa fazer uma diferenciação para poder manter o seu nível de motivação o mais alto possível. Quando estabelecer objetivos de curto prazo (ou seja, dentro de um ano), certifique-se de que eles sejam realizáveis.

Isso não significa que não pode disparar para as estrelas em seus planos de longo prazo, como cinco ou dez anos. Significa apenas que precisa escolher metas que possa alcançar no curto prazo, porque cada meta atingida gera motivação. Depois, você desenha outra meta, alcança-a e se motiva e assim por diante. Isso gera um ciclo de energia que não vai parar nunca mais.

Por exemplo, se nunca fez mais de R$100.000 em um ano, não diga a si mesmo que será bilionário no período de um ano. Defina metas que possa alcançar para construir seu impulso. Seus objetivos em curto prazo devem ser algo ao seu alcance, mas não tão fáceis de alcançar que não demandarão muito trabalho ou esforço de sua parte. Isso também o ajudará a construir esse impulso tão importante. O grande segredo aqui é ter equilíbrio entre o desafiador e o impossível.

Passo 4: "R" — Relevante (Relevant)

O quarto passo é estabelecer metas relevantes para sua vida. Isso significa que os objetivos devem estar alinhados e em harmonia com o seu propósito e a sua visão, que delimitamos nos módulos anteriores. Se elas não tiverem alinhadas, você não atingirá os seus objetivos e se sentirá desmotivado.

Etapa 5: "T" — Prazo Determinado (Time Based)

O quinto passo é assegurar que suas metas estejam vinculadas ao tempo. Defina uma data exata de quando planeja alcançar esses objetivos.

Quando seus objetivos são vinculados ao tempo, eles são mensuráveis, e você deve responsabilizar-se avaliando-os em uma base diária, semanal e mensal. Quando conseguiu atingir seus objetivos?

Sem desenhar seus objetivos fixados no tempo e de forma mensurável, não poderá ver seu progresso.

Na minha opinião, o mínimo que deve ter são metas mensais e anuais. Contudo, sugiro fortemente que também tenha metas diárias. Isso fará com que seja mais produtivo e tenha um senso de realização impressionante ao longo da sua rotina.

As cinco metas diárias

Uma técnica extremamente simples que aprendi é a das cinco metas diárias. Com elas você garante que esteja sendo objetivo no dia a dia, sempre em direção à sua realização maior.

Para isso é muito simples. Antes de dormir, coloque em seu caderno, ou qualquer outro objeto para anotação, quais são as cinco coisas que precisa atingir no dia seguinte para que continue em direção aos seus objetivos.

Você precisa de, pelo menos, cinco metas para garantir que o seu dia tenha sido produtivo. Isso também guiará o seu tempo de lazer e descanso ao longo do dia e o ajudará a mensurar se já é hora de fazer uma pausa ou não.

Um exemplo destas cinco metas são:

1. Fechar o contrato com o cliente X.
2. Ligar para o cliente Y para enviar a proposta final.
3. Marcar a reunião e comprar a passagem para visitar o cliente H.
4. Fazer a sessão de feedback com o meu gerente.
5. Terminar de redigir o contrato para o cliente B.

Realizando todas essas cinco metas, terá a certeza de que seu dia foi produtivo. Quero evitar aquele sentimento de ter ido trabalhar e não ter feito muita coisa, do seu dia não ter valido a pena. Essa é a pior sensação que existe!

Só depois disso poderá curtir o seu cafezinho, ver algum vídeo no YouTube ou bater papo com alguém no WhatsApp. Conquiste algo antes e se dê o direito de curtir depois.

Visão e metas

Agora, vamos ao exercício mais importante desse livro inteiro, que é o de visões e metas.

Lembra que, no capítulo anterior, você escreveu suas visões para cada um dos pilares da sua vida? Se não o fez, tire um tempo para fazê-lo agora, pois esse exercício terá grande impacto.

Para cada visão, desenhe as suas metas utilizando o método SMART (EMARP) como referência. Escrevendo da forma como aparece abaixo, as metas sempre ao lado das visões, fica fácil identificar como os seus objetivos vão se afunilando, até chegarem ao plano da ação, para facilitar o alcance dos seus sonhos.

Tire um tempo para fazer isso agora.

(Quanto ... até quando?)   **Próximas etapas de ação**

Negócio, trabalho e carreira:

Financeiro:

Relacionamentos:

Saúde e fitness:

Tempo de diversão e recreação:

Pessoal:

Contribuição e legado:

Agora que já definiu as suas metas, quero apresentar um outro conceito que pode mudar seu patamar de resultados em pouco tempo se você for disciplinado.

Meta transformadora

O que é o conceito que chamo de meta transformadora?

Enquanto a definição de metas é um passo importante para se tornar mais bem-sucedido, a maioria dos objetivos que definimos concentra-se melhorar nossa vida naquele determinado momento ou em curto prazo.

Mas e se, em vez disso, você se concentrasse em um único objetivo que mudaria o patamar de tudo o que você faz, da sua carreira até sua renda e seu estilo de vida? Não seria esse um objetivo digno de perseguir com paixão? Não seria algo para se concentrar um pouco a cada dia, até você alcançá-lo?

Pense nisso.

Se você fosse um profissional de vendas independente e soubesse que conseguiria um território melhor, uma comissão ou bônus substancial e talvez até uma promoção, uma vez que você atingisse um certo número de clientes, você não trabalharia dia e noite para atingir esse objetivo?

Se você fosse um professor, cujo estilo de vida e finanças mudariam se ganhasse R$1.000 extras por mês, você não procuraria todas as oportunidades possíveis até atingir esse objetivo? Isso é o que quero dizer com uma meta transformadora.

Algo que muda sua vida, traz novas oportunidades, leva você à frente das pessoas certas e aumenta todas as atividades, relacionamentos ou grupos em que você está envolvido.

Por exemplo, para quem é escritor, uma possível meta transformadora seria entrar no ranking dos best-sellers da Veja.

Para quem é empreendedor, faturar o seu primeiro milhão no negócio.

Para quem é esportista, virar um campeão nacional na sua modalidade.

Então, quero que você tome para si essa reflexão.

O que poderia ser sua meta transformadora?

Deixe o exercício que vamos fazer agora ajudá-lo a decidir. Escreva abaixo ou em seu caderno:

1. Independente de acreditar que pode alcançá-lo ou não, qual o único objetivo em sua carreira, negócios, estilo de vida ou relacionamentos que o levaria ao próximo nível? É uma promoção, uma meta de vendas, mudar de emprego, expandir seus negócios, buscar um romance, escrever um livro, aparecer com a sua banda na televisão?

META TRANSFORMADORA: _____

2. Agora, imagine e visualize como sua vida mudaria com o resultado da realização desse objetivo. O que você faria, veria e sentiria?

MUDANÇA DE VIDA: _____

Isso lhe dará o impulso necessário para correr atrás desse objetivo.

E, acredite, vale muito a pena o tempo e esforço dedicados!

Metas, objetivos e ações

Por último, é importante que você tenha ações claras para ir em direção a essa meta e saber quais são as estratégias que pode perseguir para cada meta, quais as possíveis fraquezas que podem servir como barreiras para essas estratégias e quais são as possíveis soluções.

Coloque abaixo todas essas ações interlaçadas, ou seja, é importante que uma ocorra sempre em detrimento da outra ou em sequência temporal à outra. Isso é de extrema importância, pois, quando vemos um objetivo muito distante, nós nos desmotivamos porque não sabemos por onde começar.

Isso é natural para qualquer pessoa, por isso, o sucesso se constrói passo a passo.

Dessa forma, você afunila o que vem desde a sua visão até seus objetivos e metas em pequenos pedaços intercalados, sendo que alcançar cada pequeno pedaço (ações), no final, levará você aonde quiser.

Esse é o método mais eficaz que existe para que uma pessoa consiga atingir metas desafiadoras e é utilizado em muitos treinamentos ao redor do mundo, tanto pessoais como para o mundo corporativo.

Tome o tempo que precisar, pois esse é um dos exercícios mais importantes, se não mais importante, do livro inteiro.

Importante: Tenha sempre essas anotações com você para acompanhar os seus resultados.

OBJETIVO: _____

_____

ESTRATÉGIA

1. _____   2. _____

3. _____   4. _____

5. _____   6. _____

7. _____   8. _____

9. _____   10. _____

Fraqueza: _____

Solução: _____

Fraqueza: _____

Solução: _____

Fraqueza: _____

Solução: _____

Próximas Etapas de Ação	Prazo Final	Delegar	Feito
1.			
2.			
3.			
4.			
5.			
6.			
7.			
8.			
9.			
10.			

Por último, e não menos importante, sempre que atingir uma meta, comemore — do jeito que quiser. Tão importante quanto ser disciplinado e ter claros seus objetivos é reconhecer a si mesmo pelas suas conquistas.

Com isso, você condiciona a sua mente a receber algo prazeroso e recompensador, mesmo que extremamente simples, por atingir os resultados, e com o tempo ela se acostuma a perseguir cada vez mais objetivos para ser recompensada. Essa é a melhor forma de utilizar os seus hábitos a seu favor.

Liste suas metas; entre em ação; atinja seus resultados; liste suas metas; entre em ação; atinja seus resultados; liste suas metas e assim por diante.

A vida passa muito rápido. Vá atrás dos seus sonhos!

Se preferir, em vez de escrever no livro, eu preparei um e-book para você preencher com os exercícios deste capítulo. Acesse: **www.pauloibri.com.br/livro** e coloque seu e-mail para fazer download do material. Este conteúdo também encontra-se disponível em: **altabooks.com.br** (busque pelo título do livro).

Bússola Interna

*"Não existem grandes resultados sem
grande esforço e sacrifício."*

Os valores são uma das coisas mais importantes que devemos ter para a nossa vida, e é fundamental ter isso definido o quanto antes, porque eles guiarão todas as suas decisões de vida e, consequentemente, o seu futuro.

As pessoas que conhecem os seus valores e vivem de acordo com eles são os grandes líderes de nossa sociedade e grandes realizadores.

Se quisermos realmente ter um nível máximo de realização pessoal e profissional em nossas vidas, devemos entender que isso só pode acontecer de uma maneira simples: decidindo a quais coisas damos importância em nossas vidas, quais são os nossos valores internos inegociáveis e, depois, empenhando-nos dia após dia para vivermos alinhados a eles.

Infelizmente, assim como muitas coisas que está vendo e verá ao longo dessa leitura, isso não é normal em nossa sociedade. Poucas pessoas tiram tempo para refletir verdadeiramente sobre o que as move, vivem sem defender uma causa que as alimente, sem assumir uma posição sobre algo ou alguém.

Se não formos objetivos sobre o que realmente é importante em nossas vidas e sobre o que nós defendemos, teremos dificuldades de decisão constantemente.

As decisões eficazes são tomadas por meio do entendimento do que é relevante para cada um. Todas as decisões são tomadas em cima de um grupo de valores que cada pessoa mantém para si mesma.

Posicionamento pessoal

As pessoas mais admiradas, respeitadas e seguidas do mundo são aquelas que têm um posicionamento claro sobre o que acreditam e defendem. Elas têm clara noção de seus próprios valores e vivem de acordo com eles. Mesmo que não concordemos se alguma ação está certa ou errada, dentro dos quesitos legais, iremos respeitar as opiniões, por essa clareza de postura.

Pessoas com coerência de vida e valores obtêm poder dentro da sociedade e sobre si mesmas.

É importante compreender que os nossos valores pessoais são um guia, um imã, que nos leva à direção que queremos seguir em nossas vidas. Isso acontece tanto para indivíduos como para empresas, que, na maior parte dos casos, têm os seus valores mais bem delimitados do que as pessoas que trabalham dentro delas.

A partir do momento em que você define os seus valores pessoais, um compromisso para segui-los é definido também. Essa é a única forma de se sentir realizado e feliz com as conquistas ao longo de sua vida. Nenhuma meta é ou pode ser superior aos seus valores.

Quando definir um objetivo para si mesmo, tenha sempre certeza que alcançá-lo de nenhuma forma ferirá a sua essência. Caso contrário, estará no caminho certo para a insatisfação.

Mas só poderemos fazer isso a partir do momento em que tivermos muito claros esses valores. As pessoas estão acostumadas a refletir sobre os bens que desejam e o que querem ter, contudo, refletem pouco sobre o que querem tornar-se, quem querem ser.

Por outro lado, as poucas pessoas que definem claramente seus valores e vivem de acordo com eles no dia a dia encontram realização, harmonia e paz interior.

O que são valores?

Valores são algo a que você atribui bastante importância, algo que tenha apreço.

Bons exemplos de valores pessoais são: ética, felicidade, amor.

Os valores pessoais servem para o balizar quanto ao que realmente quer em sua vida. Se traçar uma meta para si mesmo sem identificar os valores claramente, você corre o risco de atingir seu objetivo e mesmo assim se sentir frustrado.

Agora é a hora de refletir sobre isso.

Faça uma pausa na sua leitura e defina quais são os valores mais importantes que norteiam a sua vida.

A lista mais comum que costuma aparecer em minhas palestras, e que pode-lhe dar um norte, é:

- Sucesso
- Ética
- Felicidade
- Amor
- Liberdade
- Poder
- Saúde
- Aventura

Quais são os mais importantes para você em ordem de relevância?

Lembre-se de que cada um desses valores afeta totalmente a direção de sua vida e de suas conquistas, pois eles dão clareza para entender por que faz o que faz, da forma que faz e como viver em maior harmonia consigo mesmo.

Ao focar os valores que fazem mais sentido para nós mesmos e os satisfazermos em sua plenitude, teremos uma sensação muito maior de realização, de dever cumprido, de alinhamento com o nosso eu.

Para definir com clareza os seus valores, faça a si mesmo as seguintes perguntas:

1. O que é mais importante em sua vida?
2. Quais são os sentimentos que isso lhe traz?

3. O que o motiva diariamente?

4. O que a realização dos seus objetivos lhe trará?

Seus valores

Tire um momento para escrever pelo menos 3 valores que norteiam a sua vida e que serão importantes ao longo da sua jornada de conquistas:

VALOR #1: _____

VALOR #2: _____

VALOR #3: _____

Conseguiu chegar facilmente aos seus valores?

Reflita sobre como esses valores estão impactando e impactarão os seus resultados daqui para frente.

Nunca se esqueça de que os valores são o seu guia para percorrer a sua jornada de vida.

Eles estão de acordo com o que deseja?

Com eles, nessa hierarquia, você conseguiria atingir todos os seus objetivos e, ao mesmo tempo, sentir-se profundamente realizado?

Tenha claro que nenhum de seus valores pode ser um bem material.

O significado é para você

Uma das grandes epifanias da minha vida aconteceu quando fiz essa reflexão e coloquei os meus próprios valores em uma folha de papel.

Só com esse processo eu entendi que sucesso e liberdade eram dois dos valores mais importantes que colocava para mim mesmo e que eles impactavam diretamente o meu sentimento de realização.

Liberdade era sinônimo de controlar meu próprio tempo, ser dono da minha agenda, ter total controle sobre o que faria, onde, quando, quem queria conhecer, com quem queria me conectar, como investiria meu tempo.

Sucesso significava construir algo que tivesse relevância no futuro, deixar um legado, ajudar outras pessoas, fazer a diferença.

Digo que tive um estalo quando coloquei isso no papel porque, na época, estava seguindo uma carreira de executivo, e por mais que minha carreira estivesse indo muito bem, com promoção atrás de promoção, entendi que não seria aquilo que me realizaria. Uma possível vaga de presidente em qualquer empresa, seja nacional ou multinacional, não era o que internamente me alimentaria, que me traria realização.

Como eu poderia ser dono do meu próprio tempo se eu trabalhava para alguém e sempre deveria manter algum tipo de agenda para agradar outras pessoas?

Como eu construiria algo novo e deixaria o meu legado se o negócio que eu tocava como executivo já existia antes que eu estivesse lá e continuaria existindo assim que eu saísse da empresa — como aconteceu?

Veja, valores não são uma questão de certo ou errado, mas uma questão pessoal.

Você só será feliz se entender realmente o que está dentro de você e o motiva a fazer as coisas que faz; caso contrário, correrá o risco de ser frustrado para sempre, o que mais preocupa as pessoas na nossa sociedade hoje em dia.

Não quer dizer que ser executivo é ruim, é bom, faz bem ou faz mal. Quer dizer que para mim, para minha vida e para o que queria construir, não fazia sentido. Para você pode ser totalmente diferente.

É esse estalo que quero que tenha quando colocar seus valores em um papel.

O que é realmente importante para você a ponto de se movimentar desenfreadamente para conquistar o que tanto deseja?

Uma pessoa que tem como valor a segurança muito dificilmente tomaria as decisões que eu tomei e tomo. Porque ela valoriza a tranquilidade, o conforto, em vez de uma maior liberdade para fazer o que quiser.

É uma questão pessoal.

O mesmo pode valer também para uma pessoa que tem como um dos seus principais valores o poder.

A vida executiva, de certa forma, traz poder. Você representa uma grande empresa, uma grande marca, tem um crachá de peso. Consegue fazer reuniões com pessoas importantes, é tratado com reverência. Isso alimenta muita gente.

Tenho quase certeza de que, se os políticos do mundo inteiro fizerem este exercício, o valor poder estará no TOP 3 de cada um, mesmo que utilizado para o bem, como acontece em diversos casos.

Isso é algo extremamente importante para quem possui esse tipo de cargo público, de liderança, de alta visibilidade e alta influência.

Como eu disse, é pessoal.

Realização interna

Tenha claro o que considera importante e terá mais claro o que quer fazer com a sua vida, como traçar suas metas e o que quer conquistar para ser feliz.

É triste pensar que a maioria das pessoas trabalha em empresas em que isso está pregado na parede, mas não tiram o tempo necessário para reflexão do que elas querem para si mesmas.

Isso é fundamental para atingir o sucesso e a realização — não externos, mas internos!

Aproveite esse momento.

Passe para o próximo capítulo quando estiver pronto e seus valores estiverem claros para você.

Sua jornada em direção às suas metas e resultados está apenas começando, e os valores são a base para tudo o que construirá em sua vida.

Não perca a oportunidade.

Se preferir, em vez de escrever no livro, preparei um e-book para ser preenchido com os exercícios deste capítulo. Acesse: **www.pauloibri.com.br/livro** e coloque seu e-mail para fazer download do material. Este conteúdo também encontra-se disponível em: **altabooks.com.br** (busque pelo título do livro).

A Combinação Correta da Trava

"Visualização e afirmação são técnicas simples que podem desbloquear diversas travas no potencial dos seres humanos."

6

Desde o começo desse livro, estamos falando sobre como mudar o seu mindset, como programar seu cérebro para perceber mais oportunidades e como atingir mais resultados.

As duas técnicas que explicarei neste capítulo têm o poder de potencializar tudo o que vimos até agora, para intensificar as suas conquistas.

Infelizmente, mais uma vez, poucas pessoas têm contato ou aprendem essas duas técnicas, chamadas de afirmação e visualização.

Acredito que já tenha ouvido a frase que diz: "Conte uma mentira por tempo suficiente e para a quantidade de pessoas suficiente e, um dia, ela será verdade."

Isso mesmo.

A maioria de nós faz exatamente isso com nosso subsconsciente. Dizemos a nós mesmos que não podemos fazer algo que é impossível, que não chegaremos aonde tanto sonhamos, e assim por diante. Essa mentira que contamos a nós mesmos acaba tornando-se uma profecia que se concretiza.

No fim, se jogar essas mensagens constantemente para o seu subsconsciente, ele fará com que elas se tornem realidade e, infelizmente, não chegará a lugar nenhum.

Agora, pergunte-se: e se, em vez de contaminar a sua mente com essas mensagens limitadoras, mensagens de descrença, você a "contaminasse" com mensagens e imagens positivas? Dos seus sonhos, daquilo que quer atingir, com a crença mais profunda que realmente pode e de que é capaz!

Consegue ver o poder que isso teria?

Você agirá ao contrário do que está acostumado, e agora só alimentará o seu subsconsciente com o que é possível, o que quer, e como ele pode ajudá-lo a achar as pistas e respostas para chegar a esse lugar.

Vamos então ao primeiro conceito: afirmações.

Primeiro passo: Afirmações

O que são afirmações?

São frases, no tempo presente, que o ajudarão a reforçar que objetivo quer atingir. É você dizendo a si mesmo que pode, que é capaz.

Assim como as suas metas, elas devem ter um prazo determinado, para fixar no seu subsconsciente exatamente aquilo que quer atingir.

Outro ponto fundamental é que as afirmações precisam estar no tempo presente e começar com palavras que reflitam um estado de humor e espírito positivos.

Então, para não haver confusão, vamos retomar o *check list* para as suas afirmações:

1. Precisam começar com palavras positivas, como: "Estou feliz e grato por..."

2. Precisam ter um prazo definido para ser atingidas.

3. Precisam estar no tempo presente.

Para facilitar o entendimento, escrevi abaixo o que pode ser um exemplo de afirmação:

Estou feliz e grato que agora, no ano 2030 (precisa ser no futuro), consegui tornar-me presidente da empresa X.

É um processo simples, mas extremamente poderoso.

O que quero que perceba é que todos os conceitos que viu até agora (visão, metas, ações) estão interligados. Um reforça o outro até que chegue aos seus objetivos.

Você precisa de visões para escrever as suas metas; suas metas precisam de uma estrutura determinada ao serem escritas; ações sairão das suas metas para que enxergue os resultados; e as afirmações e visualizações reforçarão o seu subconsciente e lhe darão mais confiança, até que chegue aonde tanto deseja.

Sendo assim, o que precisa fazer é escrever uma afirmação para cada uma das suas metas, para fixar isso em sua mente.

Exemplo:

Meta: Viajar de férias para o Japão durante 20 dias, acompanhado de minha esposa e duas filhas, em dezembro de 2025.

Afirmação: Sou feliz e grato que agora, em dezembro de 2025, estou no Japão, com minha esposa e duas filhas, aproveitando as minhas férias.

Percebe como é simples?

Porém, reforço: quantas vezes você já não disse a você mesmo que algo não seria possível, que você não seria capaz? Que seria apenas um sonho?

Diga o contrário! Diga que pode, que é possível! Que está ao seu alcance!

Nova rotina

Para colher os melhores resultados, o que vou dizer agora precisa ser encaixado na sua rotina. Poucas pessoas o fazem e talvez seja até por isso que muitas são céticas em realizar todos esses passos que você está aprendendo. E esse pode ser um dos grandes motivos pelo qual as pessoas não chegam aonde querem.

Tanto as suas metas como as suas afirmações precisam ser revistas e lidas em voz alta duas vezes ao dia. A minha sugestão é que faça isso logo que acordar e antes de dormir.

Isso porque de manhã é o horário em que a sua mente ainda está mais vazia e, com isso, consegue absorver a informação com mais facilidade. À noite, porque o que pensa, fala, assiste e lê antes de dormir penetra no seu subconsciente mais facilmente. Por exemplo, você já deve ter sonhado com algo que viu ou teve contato antes de dormir, como um filme, série ou livro.

A *Combinação Correta da Trava*   **91**

Agora, imagine o poder de aproveitar o tempo que está dormindo e ainda conseguir sonhar com tudo aquilo que mais deseja alcançar na vida, com suas metas constantemente presentes no seu subconsciente!

Imagine o potencial criativo e de energia que isso tem, o quão motivado você pode acordar, quantos insights (ideias novas) e estalos pode ter enquanto dorme. Então, porque não aproveitar esse recurso?

Conforme adotar essa prática na sua rotina, sentirá uma mudança gradual, mas muito forte na sua motivação e no seu potencial criativo.

Não deixe de aproveitar esses estímulos de jeito nenhum.

Então, a minha sugestão é sempre deixar na sua mesa de cabeceira algo que possa anotar as suas ideias, de forma mais simples possível, para lembrar no dia seguinte.

Se não escrever, garanto que as esquecerá.

Com certeza já aconteceu de você acordar e nem lembrar com o que tinha sonhado. Isso porque a memória e os estímulos que temos enquanto dormimos passam muito rápido.

Deixe no seu criado mudo um caderno, bloco de anotações ou até Post-its — o que puder ajudá-lo a registrar para o dia seguinte aquele insight que o seu subconsciente lhe deu enquanto dormia.

Existem diversos relatos de pessoas que já tiveram ideias brilhantes ou conseguiram criar alguma coisa enquanto dormiam. Isso porque estavam constantemente treinando o seu subconsciente para procurar respostas às perguntas que se faziam.

Um dos exemplos mais famosos de insight enquanto se dorme é a criação da música Yesterday, de Paul McCartney, que acordou durante a madrugada e compôs a melodia em seu piano, sem nenhuma dificuldade, quando tinha apenas 22 anos.

Estamos falando de apenas dez minutos de atividades e foco pela manhã e à noite, que podem literalmente mudar o rumo da sua vida.

Pergunte-se agora mesmo: está disposto a colocar esse mínimo esforço para atingir mais resultados na sua vida?

Esse é o poder que as afirmações têm e é essa técnica que precisa ser encaixada em sua rotina. É um grande segredo que todas as pessoas de alta performance sabem e que a maioria das pessoas não aprende em nenhum lugar.

Quer saber outra técnica utilizada mundialmente e que poucos conhecem?

A técnica da visualização. Ela é igualmente ou até mais poderosa do que as afirmações.

O que é a visualização?

Visualização nada mais é do que imaginar aquilo que quer atingir, como se já estivesse vivendo o momento, da forma mais clara, realista e detalhista possível.

Esta técnica é amplamente utilizada por atletas de alta performance, sendo o maior exemplo deles Michael Phelps, nadador de alta performance e maior campeão de medalhas olímpicas do mundo.

De acordo com Phelps: "Eu visualizo sempre o melhor e o pior cenários. Não importa se eu for desqualificado, meus óculos enxerem de água ou perder os óculos no meio do trajeto, eu estou pronto para tudo."

Eu confesso que, no início, assim como várias técnicas e metodologias que aparecem nesse livro, fui cético a respeito desta. Achei que era novamente alguma fantasia criada pela indústria de autoajuda para vender mais conteúdos, mais cursos.

Mas não.

Quando comecei a entender como isso realmente funciona, minha vida mudou. E quero que dê uma chance para mudar a sua também.

O mais impressionante de tudo isso é como as coisas funcionam fisiologicamente e como um acontecimento dá origem ao outro.

A verdade é que o seu cérebro não consegue identificar o que é verdade e o que é imaginação quando coloca em sua mente as coisas com clareza absoluta e com detalhes.

Isso é fantástico!

Ou seja, podemos de forma positiva manipular o que passa pelo nosso cérebro, pelo nosso subconsciente, para que ele pense que você já está vivendo aquele momento. Por isso é fundamental que você sempre coloque detalhes nas suas visualizações.

Por exemplo: se for imaginar-se morando na casa com que sempre sonhou, imagine como a casa é, como está o dia, se o sol está batendo em seu rosto, se está ventando, quem o acompanha, qual o som dos arredores, como são os móveis, qual a textura da parede e, principalmente, o que está sentindo enquanto vive nessa casa — que não deve ser nada menos do que uma tremenda emoção e felicidade.

Dessa forma, quando seu cérebro não consegue identificar o que é verdade e o que é a sua visualização, você cria uma tensão no seu subconsciente, e ele trabalhará incansavelmente para preencher essa lacuna entre o que é realidade e o que é imaginação.

A visualização acelera fortemente a realização de qualquer objetivo que tenha de três formas profundas:

1. Ativa os poderes criativos de sua mente subconsciente.

2. Concentra seu cérebro para detectar os recursos disponíveis que sempre estiveram lá, mas anteriormente passavam despercebidos pelos seus olhos.

3. Ele magnetiza e atrai você para as pessoas, recursos e oportunidades que precisa para alcançar seu objetivo. É a ferramenta de sucesso mais subutilizada que as pessoas possuem. Consequentemente, também ativa a lei da atração, que vou abordar mais para frente.

Além de tudo que já expliquei, o que gosto muito nessa técnica é que ela é cientificamente comprovada. Existem alguns estudos para embasar isso, mas os que mais gosto são dois, que foram realizados nos Estados Unidos.

O primeiro deles, pelo professor Brian Clark na Universidade de Ohio, que comprovou que ficar sentado apenas pensando em fazer exercícios pode nos tornar mais fortes.

Clark e seus companheiros de trabalho recrutaram 29 voluntários e embalaram seus punhos em moldes cirúrgicos por um mês inteiro. Durante esse mês, metade dos voluntários se visualizou exercitando os punhos, de forma imóvel. Durante 11 minutos por dia, 5 dias por semana, sentaram-se completamente imóveis e concentraram todo seu esforço mental em fingir flexionar seus músculos. Quando os moldes foram removidos, os voluntários que fizeram exercícios mentais tiveram os músculos do punho duas vezes mais fortes do que aqueles que não fizeram nada.

O outro estudo é do professor Kai Miller, da Universidade de Washington, realizado cinco anos antes, no qual ele comprovou que o exercício imaginário ativa as mesmas áreas cerebrais que são ativadas durante o exercício real.

Nesse estudo, o professor mostrou que os voluntários que realizaram exercícios imaginários tiveram caminhos neuromusculares mais fortes e, portanto, músculos mais fortes. Os voluntários "mentalmente preguiçosos" apresentaram caminhos neuromusculares mais fracos que começaram a degradar.

Com isso, esses cientistas comprovaram que o desenvolvimento do corpo vem junto com o desenvolvimento da mente.

Não é impressionante?

A visualização pode ser utilizada para vários objetivos: sua casa dos sonhos, performance esportiva, performance profissional, artística. As possibilidades são ilimitadas!

O mais importante é que, como disse, as imagens sejam as mais realistas e vivas possíveis, como se realmente as estivesse vivendo.

Toda vez que repetir esse processo, sua motivação interna aumentará e você constantemente procurará novos recursos para chegar aonde tanto deseja.

Lei da Atração e suas verdades

A visualização e essa sua nova forma de pensar, sua nova programação cerebral, farão com que ative também a Lei da Atração. Para quem já ouviu falar, essa questão é muito controversa. Para quem não ouviu, seguiremos sem preconceitos.

O grande problema da Lei da Atração é que ela foi mal expressada no filme "O Segredo", e ficou vista dali para frente como charlatanismo. Mas há por trás dela um contexto verdadeiro e que faz sentido, caso paremos para refletir a respeito.

Antes de mais nada, vamos deixar uma coisa bem clara. Afirmações, visualizações e Lei da Atração são técnicas que funcionam. No entanto, somente se estiver disposto a praticar a ação necessária para fazer com que isso aconteça, se estiver disposto a se esforçar e lidar com os sacrifícios necessários e a pagar o preço.

De nada adiantará fazer todo o processo correto e sentar para assistir à televisão. Você não merece isso, então, siga todo o caminho. Mais para frente, abordarei o poder da ação, para poder chegar aonde tanto sonha.

Entendendo a Lei da Atração e o pensamento positivo

A Lei da Atração diz que aquilo que pensa constantemente, com energia e intensidade adequadas, acontecerá cedo ou tarde, se você se movimentar na direção correta.

Por exemplo: já aconteceu, alguma vez, de alguém em quem estava pensando ligar para você? Ou de olhar para uma pessoa sentindo que ela o estava olhando e isso realmente estar acontecendo? Será que isso é coincidência? Ou já aconteceu mais vezes do que imaginava para classificar dessa forma?

De alguma maneira isso precisa fazer sentido, afinal, o mundo é totalmente feito de energia, de moléculas que viajam pelo mundo inteiro, interagindo com toda a matéria ao seu redor.

Nós estamos acostumados a enxergar apenas o que é concreto, que está à nossa frente: os prédios, as ruas, os aeroportos, a comida, as pessoas, os animais. No fundo, tudo é feito de energia, portanto, não haveria como essas energias não terem nenhuma relação entre si.

E, assim como toda energia, o positivo atrai o positivo. Isso significa que somos 100% responsáveis por todas as influências e estímulos que trazemos para as nossas vidas, sendo positivos ou sendo negativos.

Por causa desse fato, é cada vez mais importante enxergar o lado positivo das coisas, maioria das vezes, e o atraia para a sua vida.

Acontece com todos nós. Quando estamos em uma fase ruim, nossa autoestima cai, nossa energia cai e parece que coisas cada vez piores vão acontecendo, uma atrás da outra, como em uma reação em cadeia. E está em seu poder parar esse ciclo a partir do momento em que assume a responsabilidade por tornar seus pensamentos positivos.

Certa vez, ouvi uma frase que mudou minha vida a respeito desse conceito, dita por um dos maiores palestrantes de todos os tempos, Zig Ziglar, e a frase é a seguinte: "Pensamento positivo não faz com que possa fazer qualquer coisa. Mas fará com que faça qualquer coisa melhor do que o pensamento negativo."

O que você foca tem um impacto gigantesco no que acontecerá durante a sua vida. Coloque foco em ser bem-sucedido; em atingir o que deseja, e o terá; coloque foco nas coisas negativas e em sofrimento, e terá mais delas também.

Se gasta seus dias remexendo em arrependimentos sobre o passado ou medos do futuro, provavelmente verá mais negatividade aparecer; mas, se procurar o lado positivo e o aprendizado em todas as experiências, começará a ver isso positivamente, no seu entorno, todos os dias. Portanto, a Lei da Atração o encoraja a ver que tem a liberdade de assumir o controle de como seu futuro se desenvolve, moldando-o de acordo com as maneiras que escolher.

A Lei da Atração realmente existe?

Diversas vezes as coisas acontecem em nossa vida e simplesmente não damos a devida atenção aos resultados; por isso, podemos pensar que a Lei da Atração, ou qualquer outra técnica, não funciona. Por exemplos que tenho em minha vida, acredito que ela funciona sim, mas temos que utilizá-la corretamente, já que muitas pessoas desejam coisas para elas mesmas de forma não específica, deixando o poder de decisão às circunstâncias, o que em nada ajudará em suas conquistas.

O problema está no generalismo.

Reflita quantas vezes já pensou, por exemplo, que queria mais dinheiro. No final do dia, se receber um real a mais, terá mais dinheiro.

Você conseguiu o que queria, o problema não está no resultado, e sim na origem do seu pedido. O quanto mais de dinheiro deseja? Quando? Por quê? O que está disposto a entregar de volta ao Universo para fazer por merecer o que tanto deseja?

Muitas pessoas de sucesso já utilizaram a Lei da Atração para chegar aonde chegaram.

Existe um experimento, que foi feito para comprovar o quanto a energia de nosso pensamento impacta o que acontece com o mundo, conduzido pelo Dr. Masaru Emoto e chamado de "Experimento da Água".

O objetivo do experimento era entender o efeito de pensamentos, palavras, música e ambiente na matéria, como a água. Sendo assim, o cientista contratou um fotógrafo para tirar fotos da água que ele deixou em um reservatório enquanto conduzia o experimento. O experimento foi feito com diversas pessoas que se concentravam no que o cientista pedia e como tinham efeitos opostos (positivo e negativo).

Por exemplo: em um momento se concentravam em rezar e em pensamentos positivos, como: "eu amo alguém", "minha vida é excelente" ou "eu o perdoo", e a água ficava mais clara e limpa. Em outro momento, o mesmo grupo se concentrou na frase: "eu odeio você", "vou matá-lo" e ficaram observando a foto de Adolph Hitler, e a água ficou mais turva e escura.

Logo após essa frase, ficaram novamente repetindo a palavra obrigado, amor e apreciação, e a água aos poucos voltou a clarear.

Agora, reflita sobre uma coisa — essa reflexão me deixou paralisado, quando a fiz: se todos esses pensamentos e palavras tiveram esse efeito na água durante o experimento, imagine em seu corpo, que é 60% feito de água? Que tipo de efeito as coisas boas ou ruins podem ter dentro dele?

Observe o impacto que essa mudança de pensamento pode fazer na sua vida a partir de agora.

Coloque aqui, em letras bem claras, qual o momento em que começará a ter pensamentos mais positivos:

Esse momento é: _____

Mais um recurso disponível

Para utilizar essas técnicas da melhor forma possível, existe ainda mais uma ferramenta, conhecida no mundo do coaching como o Quadro de Visão. Esse quadro nada mais é do que um facilitador para que consiga imaginar o que realmente quer no seu futuro e materializar os seus sonhos e objetivos dentro de sua mente.

Às vezes, visualizar não é fácil para as pessoas, principalmente no começo da prática, e esse quadro tem como objetivo não só ajudar na sua visualização, mas aproximar a sua experiência imaginária da realidade e fazer com que se depare facilmente com a imagem daquilo com que tanto sonha, todo dia, toda noite, com o objetivo de estimular cada vez mais o seu subconsciente.

Para fazer o seu Quadro de Visão da melhor forma possível, montei este *check list*:

1. Junte todas as metas que quer conquistar (escritas por você nos capítulos anteriores).

2. Ache figuras que simbolizem essas metas no seu futuro. Podem ser fotografias, imagens da internet, revistas, o que preferir.

3. Coloque essas imagens em algum lugar com que tenha contato constantemente — fundo de tela do computador, mural de fotos no quarto, diário, iPad etc. Sugiro também incluir uma foto sua em um momento feliz.

4. Deixe o mais claro possível — não coloque muitas imagens para não sobrecarregar o quadro.

5. Coloque palavras que lhe tragam sentimentos positivos ou frases que o motivam no dia a dia, por exemplo: coragem, felicidade, imaginação, conquista.

6. Revise o seu quadro de manhã e à noite, junto com a sua leitura de metas e afirmações.

Pesquisas mostram que quando você lê as suas metas e afirmações em voz alta e visualiza as suas imagens com emoção, elas ficam marcadas na sua memória para sempre.

E esse é o objetivo: registrar tudo em seu subconsciente, para que você encontre cada vez mais recursos para chegar aonde tanto sonha.

Em resumo, o que é necessário encaixar em sua rotina para seguir cada um desses passos duas vezes ao dia, logo ao acordar e antes de dormir:

1. Leia suas metas e afirmações em voz alta.

2. Depois de ler cada uma, feche os olhos e visualize essa meta como alcançada.

3. Coloque sons, cheiros e até gostos nas suas visões.

4. Coloque emoções e sensações que sentiria quando tivesse atingido essa meta.

5. Depois que fizer todo esse processo, é hora de voltar ao presente e ao seu dia a dia e colocar em prática todo o esforço disponível.

Aja, Reaja, Intensifique

"A intensidade da ação supera qualquer outra qualidade do ser humano."

Essa frase inicial do capítulo exemplifica exatamente o que precisa ser feito em termos de ação e o quanto de energia precisa colocar em sua vida para chegar aonde tanto sonha e tanto deseja.

Muitas pessoas, sempre que sonham acordadas, pensam no que realmente gostariam de ter, em uma vida diferente e de sucesso, e ao longo dessa imaginação elas se bloqueiam, porque logo no início já colocam obstáculos e dizem a si mesmas que aquilo nunca seria possível para elas, que quem chega aonde elas tanto sonharam tiveram sorte, nasceram com algum tipo de dom ou em famílias privilegiadas.

Entretanto, como já sabe, isso é uma mentira que desenhamos para nós mesmos e que nos impede de ir atrás daquilo que tanto desejamos.

Estamos acostumados a escolher o tempo perfeito para tudo, não é verdade?

Paralisia de análise

Quando queremos alguma coisa, fazemo-nos milhares de perguntas: se é a hora certa, se devemos realmente arriscar aquilo que já temos, se vale a pena passar por alguma dificuldade para atingir nossos sonhos, se é o ano certo, a hora certa, o segmento certo de mercado.

Analisamos os números, os cenários, a concorrência, os riscos, as possibilidades de ganhos e, de uma forma ou de outra, no final, sempre nos convencemos de que aquela não é a hora certa, que o momento perfeito ainda aparecerá.

O que acontece depois disso?

O momento perfeito nunca aparece, porque ele não existe. E o tempo vai passando, até que alguém conquista ou constrói aquilo que tinha em mente e se torna extremamente bem-sucedido. Então, você pensa: "Eu imaginei isso também, mas ele foi mais rápido do que eu para implementar."

Essa não é a verdade.

As ideias muitas vezes aparecem para diversas pessoas, e o que diferencia quem realmente chegará ao topo e fará diferença nesse mundo é a capacidade e a velocidade com que agem, com que estão determinadas a correr riscos, mesmo que controlados, para colocar o sonho em prática.

Como dizem, 80% do sucesso é apenas aparecer. Isso significa que se começar a dar a cara para o mundo, se estiver disposto a se arriscar um pouco, em algum momento alcançará as recompensas desse feito.

Essa paralisia de sempre esperar o momento perfeito, de analisar infinitamente, por mais estranho que pareça, é um fenômeno extremamente normal chamado de paralisia de análise. Ficaria assustado em saber quantas pessoas passam por isso diariamente e, como consequência, não dão a atenção devida às suas ideias e perdem tempo e grandes oportunidades na vida.

Você não pode deixar que esse fenômeno o afete também.

Não estou dizendo para não estudar todas as suas opções e se preparar o máximo possível para não ter contratempos e grandes riscos. Mas esqueça o mito da hora perfeita, esqueça as circunstâncias perfeitas. Nunca pense que terá controle para tudo, pois não terá.

Por que Jeff Bezos conseguiu criar a Amazon? Porque ele esteve disposto a largar tudo o que tinha, uma carreira e uma remuneração significativas, para colocar seu sonho em prática. Talvez alguém já tivesse tido a mesma ideia que ele. Porém, ele foi o único disposto a "dar a cara a tapa" e arriscar o que tinha para chegar ainda mais longe. Hoje, é o homem mais rico do mundo.

Elon Musk, um dos empreendedores mais brilhantes da atualidade, colocou toda a sua riqueza em jogo para implementar seu sonho de levar as pessoas para Marte. O único homem a construir três empresas que passaram de US$1 bilhão em valor de mercado.

Carlos Wizard, um dos maiores empresários de nosso país, começou dando aulas de inglês em sua casa, até construir um dos negócios mais bem-sucedidos do mundo em estudo de línguas e vendê-lo por bilhões de reais.

A semelhança entre eles?

Ação!

Herói ou vilão?

Eu também já passei por algumas escolhas desse tipo e lhe digo que, invariavelmente, ou elas deram certo ou eu tive grande aprendizado com isso.

Se quer levar uma grande lição deste capítulo para sua vida, ela é: comprometa-se a fazer as coisas, comprometa-se com a ação, imediatamente, e descubra como depois!

Tenho vários exemplos disso em minha vida.

Um deles é este próprio livro. Eu nunca havia escrito um livro, mas sempre tive o sonho de dividir com outras pessoas as coisas que aprendi e que mudaram minha vida e impactar a vida delas também. Não tinha todas as ideias prontas, tudo no papel, todas as análises feitas, mas mesmo assim fechei o contrato com a editora e entrei em ação, até que o livro ficasse pronto, chegasse em sua mão e estivesse disponível em milhares de livrarias.

Eu não sabia investir em ações. Contudo, coloquei essa ideia em minha cabeça e comecei a estudar e pesquisar a respeito. Comecei a investir com apenas 18 anos, ganhei e perdi e aprendi muito, e hoje invisto constantemente.

A mesma coisa aconteceu com meus imóveis, com meu curso online, com minha empresa e com muitas coisas que venho construindo.

Sabe o que o impede de entrar em ação de forma massiva e constantemente?

O que pode ser sua maior arma e o seu maior vilão: seu cérebro.

Entenda, o cérebro foi feito para, acima de tudo, manter você vivo. O impulso mais forte que ele tem é o de sobrevivência, por isso constantemente sentimos medo das coisas; quando estamos em situações de risco, nosso coração dispara e sentimos uma injeção de adrenalina em nosso corpo. É fundamental que entenda isso para o resto da sua vida.

É aí que está o grande segredo. Hoje, não temos mais grandes animais querendo nos caçar, não temos falta de alimento, não temos situações de risco com temperatura e clima. Mas o cérebro não sabe disso, e envia os mesmos estímulos para o manter longe do perigo, fazendo com que fique na zona de conforto.

É até engraçado que o nosso maior inimigo seja o nosso inimigo interno, mas é isso que acontece, e você não pode deixar o seu cérebro vencer, impedindo-o de tentar, de arriscar.

Por isso, se analisa os cenários, mas rapidamente entra em ação, já rompeu a primeira barreira do medo, do "e se", e não há mais o que seu guardião interno fazer a não ser achar caminhos e medidas bem-sucedidas para que não falhe nessa empreitada.

O seu maior inimigo acaba de virar o seu maior aliado assim que você entra em ação. Isso tudo se a primeira barreira do medo for quebrada e você começar a fazer as coisas de forma determinada e sem medo de voltar atrás.

É daí que vem o título deste capítulo. Não pense muito, seu cérebro o tentará impedir. Aja o mais rápido possível, da forma mais assertiva possível e, mesmo se o caminho for turbulento, chegará lá.

A compreensão errada da falha

Por falar em turbulência, isso me lembra de outro tópico totalmente ligado à ação, o aprendizado.

Existem diversas formas de aprendizado: em salas de aula, leitura, palestras, o próprio ato de fazer as coisas etc.

O maior problema em nossa sociedade é o seguinte: as pessoas encaram o ato de falhar ou errar como um ponto final, ou seja, você errou e não o deveria ter feito.

Isso está errado!

O ato de falhar é um processo para se chegar até o aprendizado, até a excelência. Nosso pensamento está invertido.

Quantas vezes um atleta de alta performance erra antes de chegar à perfeição?

Um jogador de futebol treina diariamente como bater uma falta para, na hora do jogo, tentar acertar o gol.

Tentativa, erro, tentativa, erro... e, finalmente, aprendizado e perfeição.

Um *skatista* treina milhares de vezes como fazer um salto novo antes do X Games. Ele cai, se machuca e falha vez após vez. E ele desiste? Não. Ele repete o erro até alcançar o aprendizado.

O mesmo acontece com um surfista, um *quarterback*, um tenista, um corredor.

Se todo atleta de alta performance erra constantemente para chegar aonde tanto quer chegar, por que nós não podemos errar para chegar aonde queremos, aprender ao longo do caminho e conquistar nossos objetivos?

Como é comum dizer: "A repetição é a mãe do aprendizado."

Estatisticamente, um empreendedor de sucesso costuma quebrar dois negócios antes de construir um que deu certo e atingir seu sonho. Inclusive, diversas empresas que fazem investimentos em startups perguntam aos fundadores se eles já quebraram antes. Isso porque eles entendem que para aprender é preciso passar por algumas falhas no meio do caminho.

Quantos filmes ruins já viu um ator fazer em Hollywood até conseguir estrelar aquele *blockbuster* que fez com que ele ganhasse milhões e ficasse mundialmente conhecido?

Harrison Ford, da trilogia Star Wars, só conseguiu estrear seu primeiro filme de qualidade com 35 anos, depois de 10 anos em papéis secundários. Antes disso, ele era empreiteiro nos sets de filmagem.

A mesma coisa aconteceu com Arnold Schwarzenegger, que fez papéis secundários por 12 anos, até conseguir estrelar o filme "Conan, o Bárbaro", com 35 anos, para depois se tornar um dos artistas mais bem pagos do cinema.

George Clooney passou 15 anos atuando em papéis de segunda, dormindo no sofá da casa de amigos, até conseguir o primeiro papel que fez a sua carreira explodir.

Isso sim é determinação — ação!

Analisando os fatos, fica claro que as pessoas não têm mais sorte do que nós, não nasceram em berço de ouro, mas conseguiram dominar os medos do nosso inimigo interno, o cérebro.

Como funciona o aprendizado

Existe um estudo muito interessante, chamado de Cone of Learning (Cone do Aprendizado), conduzido por Edgar Dale, professor da Universidade de Ohio, nos Estados Unidos, que exemplifica como é feito o aprendizado dos seres humanos.

Nesse estudo, ele comprova que, logo após duas semanas, você recorda:

- Apenas 10% do que leu;
- 20% do que ouviu;
- 30% do que viu;
- 50% do que viu e ouviu;
- 70% do que falou;
- 90% do que fez.

Independente de ter acertado ou errado, isso comprova claramente a importância de agir, de fazer o que quer fazer e aprender com isso. Somente dessa maneira vai adquirir um aprendizado de qualidade e construir, bloco em cima de bloco, o seu conhecimento.

De acordo com o filósofo Confúcio:

"Eu vejo e eu esqueço. Eu ouço e eu lembro. Eu faço e eu entendo."

No capítulo anterior, falamos de muitos pontos importantes, como afirmações, visualizações e Lei da Atração, e eu comentei que nada aconteceria sem a ação, o que está sendo abordado neste capítulo. Não adianta simplesmente fazer todos os passos e ficar paralisado porque está com receio de entrar em ação. Se não entrar em ação e não tiver a possibilidade de errar e aprender com isso, a chance de sucesso é muito baixa.

Não seja um dos críticos da Lei da Atração, dizendo que todo dia imagina alguma coisa para acontecer com você e ela simplesmente não acontece. Não faça isso se não estiver colocando o esforço necessário para que ela aconteça.

O Universo não é louco de recompensar pessoas que não merecem. Por que ele faria isso? O contrário é verdadeiro. Por que ele não o faria?

Coloque-se em movimento

Um dos benefícios mais extraordinários de entrar em ação é começar a criar impulso. Essa força traz mais oportunidades, recursos e pessoas que podem ajudá-lo em sua vida, no momento certo para se beneficiar de tudo isso.

Para se apoiar em um projeto ou oportunidade, você precisa estar disposto a começar sem necessariamente enxergar todo o caminho desde o início. Deve estar disposto a se apoiar nisso e ver como se desenrola ao longo do tempo. Muitas vezes, temos um sonho e, como não podemos ver como vamos alcançá-lo, temos medo de começar, medo de nos comprometermos, porque o caminho não é claro e o resultado é incerto. Simplesmente começar requer que você esteja disposto a explorar, entrar em águas desconhecidas, confiar que o caminho ficará mais claro ao longo da sua trajetória.

Simplesmente comece, passo após passo, e tudo fará mais sentido ao longo do caminho.

Para ajudá-lo a entrar em ação, quero que faça um exercício que eu chamo de escolha e renúncia. Conforme já abordado anteriormente, a vida é 100% feita de escolhas, e você está escolhendo seus caminhos, aonde quer chegar. No fundo, nada é impositivo.

No entanto, você sempre precisa estar disposto a arcar com as consequências de suas escolhas, o que elas lhe trarão de custo e de benefício e, consequentemente, se valem a pena.

Abaixo, eu coloquei cada uma das oito áreas da sua vida que são afetadas pelas suas escolhas:

- **Física:** Seu bem-estar físico, se está fazendo exercícios, cuidando do seu corpo, da sua saúde.

- **Relacionamentos:** Como você se relaciona com as pessoas? Com que frequência tem falado e encontrado seus amigos? E seus relacionamentos de negócios? Sua vida amorosa?

- **Espiritual:** Segue algum tipo de religião? Acredita em algo? Faz meditação para manter a cabeça mais livre?

- **Família:** Qual a sua proximidade com seus pais? Filhos? Esposa? Está fazendo seu máximo para construir e manter relacionamentos amorosos de qualidade?

- **Financeira:** Como está sua renda? Seu patrimônio? Seus investimentos?

- **Profissional:** Como está sua carreira? Está construindo o que quer para onde quer chegar?

- **Lazer:** Com qual periodicidade faz aquilo de que gosta? Tem um tempo determinado em sua rotina para se divertir?

- **Aprendizado:** Como tem exercitado a sua mente? Com qual periodicidade tem novas ideias? De onde tira seu conhecimento? Revistas, rádio, livros, televisão, internet?

Alta Performance & Impacto

Agora, quero que responda a algumas perguntas relativas a cada uma das áreas. Se esforce ao máximo para sair do óbvio e colocar os critérios mais profundos que possam estar impedindo-o de agir.

1. Quais são as coisas que tem hesitado fazer, que está atrasando, adiando ou evitando, e que podem trazer benefícios futuros?

Física

a) _____

b) _____

c) _____

d) _____

e) _____

Relacionamentos

a) _____

b) _____

c) _____

d) _____

e) _____

Espiritual

a) _____

b) _____

c) _____

d) _____

e) _____

Família

a) _____

b) _____

c) _____

d) _____

e) _____

Financeira

a) _____

b) _____

c) _____

d) _____

e) _____

Profissional

a) _____

b) _____

c) _____

d) _____

e) _____

Lazer

a) _____

b) _____

c) _____

d) _____

e) _____

Aprendizado

a) _____

b) _____

c) _____

d) _____

e) _____

2. Qual dessas áreas de sua vida tem tido o maior atraso, ou que você tem evitado mais?

ÁREA: _____

3. O que isso lhe diz versus o que quer atingir em sua vida?

_____

4. O que tem escolhido fazer em vez de dar atenção a essa área que tem evitado?

I. Você gasta seu tempo com:

_____

II. Você prefere:

_____

III. Qual é o custo e o benefício que isso lhe trás?

_____

IV. O que isso está custando-lhe no longo prazo?

_____

Agora, quero que identifique com clareza quais as áreas e ações mais tem evitado.

Marque com uma caneta quais são as ações mais fáceis, as mais difíceis, as mais importantes e as que têm mais potencial de impactar a sua vida. Deixe claro qual é cada um desses critérios.

Chegou a hora de agir.

Para cada uma das áreas e frentes que marcou, escreva agora:

Como pode agir para melhorar essa situação de imediato?

AÇÕES _____

Quando pode começar e até quanto agirá?

Qual é o prazo final? A ação está concluída, sim ou não?

_____

Não deixe esse exercício para depois. Você precisa agir imediatamente. Assim que acabar este capítulo, comece a colocar em prática as coisas que assinalou.

Se você procrastinar ou ficar analisando os riscos, não fará nada.

Implemente tudo o que falamos até agora, simplesmente entre em ação massiva e colha seus resultados!

Se preferir, em vez de escrever no livro, preparei um e-book para ser preenchido com os exercícios deste capítulo. Acesse: **www.pauloibri.com.br/livro** e coloque seu e-mail para fazer o download do material. Este conteúdo também encontra-se disponível em: **altabooks.com.br** (busque pelo título do livro).

Voz da Independência

*"O medo o faz crescer ou o encolhe.
A escolha é só sua."*

É até irônico refletir sobre o medo e quantas coisas ele já o impediu de conquistar em sua vida por algo que "poderia ter acontecido".

No último capítulo, falamos sobre entrar em ação e o quanto esse impulso e esse movimento podem fazer com que supere o medo e chegue mais rápido aonde deseja.

A partir do momento em que entendemos que a falha é uma parte normal do processo de aprendizado e de se chegar ao sucesso, o medo de falhar vira algo superficial, algo que não pode mais nos impedir de chegar aonde queremos e de fazer o que sonhamos, pois é quase inevitável falhar em algum momento.

No fundo, o medo nada mais é do que experiências falsas que fazemos com que pareçam reais, dentro de nossa imaginação. Não se esqueça dessa frase, pois ela resume tudo sobre o que projetamos em nossas mentes.

Quando sentimos medo de algo, imaginamos isso dando errado, sendo um fracasso e todas as coisas negativas que podem acontecer em detrimento do ocorrido. Porém, tudo está em nossa mente, nada aconteceu de verdade e estamos projetando imaginações negativas no nosso subconsciente.

Reflita sobre o seguinte: quantas vezes em sua vida você não imaginou diversas coisas que poderiam dar errado, de milhares de formas diferentes, e no final isso nunca aconteceu? Olhou para trás, abriu um sorriso e disse "Se eu soubesse que não era tão ruim ou que aquilo nunca poderia ter acontecido, teria realizado esse objetivo antes"?

Esse é o poder do medo.

Simplesmente nos deixar paralisados, nos impedir de realizar as coisas que queremos. Mas isso só acontece se não aprendemos a conquistá-lo, a entrar em ação e colocar o impulso necessário enquanto ele tenta nos impedir.

Todo mundo sente medo

As pessoas mais bem-sucedidas e de alta performance do mundo não deixam de sentir medo. Pelo contrário, muitas vezes elas sentem até mais medo do que nós. O que acontece é que elas aprenderam a usar esse medo em favor delas, a entrar em movimento e trabalhar duro e de maneira planejada para que as coisas ruins que elas projetaram em suas mentes nunca aconteçam.

Gosto sempre de perguntar às pessoas o seguinte: quando estiver em seu leito de morte, prefere se arrepender de algo que deu errado ou de algo que nunca tentou?

Invariavelmente as pessoas respondem: "De algo que deu errado."

Então, por que não conseguimos implementar isso no nosso dia a dia? Por que esperamos ser tarde demais para ter a vontade de conquistar as coisas a qualquer custo?

Se não refletir sobre isso agora e entender formas de superar os seus medos, mais para frente poderá ser tarde demais.

A vida passa muito rápido e você não pode desperdiçar esse dom que nos foi dado sem fazer tudo o que tem vontade e ter grandes chances de ser bem-sucedido.

Quando estou receoso ou com medo de algo, sempre gosto de me fazer uma pergunta, que me ajuda muito a criar impulso:

"O que de pior pode acontecer se eu fizer tal coisa?"

Esse questionamento é extremamente poderoso, pois possibilita definir o que de pior pode acontecer com determinada situação. E, se esse cenário não for tão assustador, por que não seguir adiante?

Indo além, mesmo que os cenários sejam realmente assustadores, por que não focar toda sua energia em implementar as ações que deseja e planejar ao máximo para que o pior não aconteça? Assim, seus esforços estarão focados em resultados, e não em impedir os seus movimentos.

Diariamente, lido com esse conflito em minhas iniciativas, é completamente normal.

E se o meu negócio não der certo?

E se não der lucro?

E se as pessoas que eu contratar não forem comprometidas?

E se, e se, e se...

Se deixarmos nos paralisar por todos os "e se" que aparecem em nossa mente, nunca sairemos do lugar! Temos que ficar confortáveis, desconfortáveis e aprender a superar essas barreiras psicológicas que o nosso cérebro nos impõe.

É absolutamente impossível controlar todas as variáveis em qualquer iniciativa e com isso minimizar o risco a zero. É simplesmente uma utopia.

Você precisa se esforçar ao máximo em sua vida para correr riscos controlados e aumentar a chance de êxito, só isso é possível.

Alguns exemplos de iniciativas que tomei em minha vida:

1. Ser empreendedor:
   - Estudar o tamanho do mercado total em que minha empresa estaria.
   - Estudar o tamanho do meu público-alvo.
   - Entender algumas preferências de quem seria meu cliente.
   - Entender onde o produto seria vendido.
   - Entender o preço e a concorrência.
   - Desenhar o potencial de vendas.
   - Etc.

2. Ser coach:
   - Estudar tudo o que for possível sobre o tema para ser reconhecido no segmento.
   - Treinar minhas palestras.
   - Estudar constantemente para aprender novos conteúdos.
   - Ler muitos livros.
   - Fazer networking com pessoas desse setor.
   - Escrever meu próprio livro.
   - Utilizar as mídias sociais como comunicação.

Tudo isso é um planejamento que mitiga riscos, mas não os faz sumir.

A maioria das pessoas conduz a vida como se estivesse com o pé no freio e no acelerador simultaneamente. Elas se prendem a imagens negativas de si mesmas ou sofrem por experiências que nunca aconteceram.

Elas se mantêm na zona de conforto criada inteiramente por elas mesmas. Mantêm crenças imprecisas sobre a realidade ou desconfiança sobre si mesmas. Quando tentam atingir seus objetivos, essas imagens negativas e zonas de conforto pré-programadas tendem a anular suas boas intenções, não importa o quanto tentem.

Afirmações contra o medo

Pessoas bem-sucedidas deixam de lados essas crenças imprecisas e limitantes e simplesmente se movem em direção aos seus objetivos, sem pensar em tudo o que poderia dar errado, e sim em tudo no que poderá dar certo.

Um dos melhores métodos que existe para ultrapassar e conquistar esses medos são as afirmações, de que falamos anteriormente. Tais afirmações não precisam ser apenas redigidas para sua conquista de metas, podem ser também formuladas para sua superação de medos.

A estrutura para escrever afirmações para a superação de medos é a mesma que já aprendeu anteriormente. Vamos retomar:

1. Seja pessoal. Escreva sempre a afirmação para você mesmo: "Eu estou..."

2. Escreva no presente.

3. Descreva sempre positivamente.

4. Seja breve.

5. Seja específico.

6. Coloque um verbo de ação, de preferência no gerúndio.

7. Coloque uma palavra de sentimento.

Um bom exemplo disso para quem tem medo de voar de avião: "Eu estou curtindo muito essa emoção de viajar de avião."

Como falamos, repetir isso diversas vezes para seu subconsciente construirá impulso e autoconfiança para conquistar seus desafios e superar seus medos.

Outro jeito de fazer isso é sempre repetir diversas vezes para si próprio que pode realizar algo, construir autoconfiança internamente.

Um bom exemplo disso para quem tem medo de fazer uma apresentação em público (de olhos fechados, repita pelo menos cinco vezes):

"Eu consigo fazer uma excelente apresentação para essas pessoas."

Dessa forma, você substitui aos poucos os seus pensamentos limitantes, que constantemente lhe dizem através do seu subconsciente que NÃO pode fazer algo, por uma crença de que PODE fazer algo.

Não é incrível?

Por mais simples que pareça, essa técnica é muito poderosa e utilizada por diversas pessoas de alta performance, seja no mundo dos esportes ou no mundo executivo.

É como dizia Henry Ford: "Se sua mente acreditar que você pode fazer algo, ou acreditar que não pode, de qualquer forma, você estará certo."

No fundo, então, o que essa frase quer dizer é que controlamos exatamente aquilo que podemos ou não fazer. Depende apenas de nossas crenças e da superação de nossos medos.

Superação dos medos

Quero que tire um tempo agora para fazer um exercício para que possa superar os medos que cria para si mesmo e ir atrás dos seus objetivos e sonhos, sem mais frear a sua evolução.

Faça uma lista das coisas que tem medo de fazer, por exemplo: "Tenho medo de voar de avião." É importante que a lista tenha sempre um verbo de ação.

Por exemplo, "tenho medo de":

- Pedir ao meu chefe por um aumento.
- Chamar alguém para sair ou ir a um encontro.
- Pular de paraquedas.
- Sair do trabalho que eu odeio.
- Avançar em uma nova oportunidade de negócio.
- Delegar qualquer parte do trabalho para os outros.

> Agora que escreveu os seus medos, quero que reescreva as suas sentenças utilizando o seguinte formato:
>
> Eu quero _____, e eu sinto medo imaginando _____.

Como falamos, todo o medo é autocriado ao imaginar algum resultado negativo no futuro. Consegue perceber que você é quem cria o medo?

> Agora, preencha os espaços em branco abaixo com os seus medos e o que gostaria de sentir no lugar deles. O importante deste exercício é que ele deixa claro para você mesmo que os medos que tem são criados por você mesmo, pela sua imaginação, e que você pode superá-los se os identificar com clareza.
>
> Eu sinto medo de _____.
>
> Na verdade, eu gostaria de _____.
>
> E eu me assusto imaginando que _____.

Quanto mais tem consciência do que o assusta, mais consegue suprimir os medos e colocar toda ação em direção aos seus objetivos e metas.

Agora que já sabe como superar os seus medos e prosseguir em direção aos seus objetivos, coloque os conceitos em ação!

Se preferir, em vez de escrever no livro, preparei um e-book para ser preenchido com os exercícios desse capítulo. Acesse: **www.pauloibri.com.br/livro** e coloque seu e-mail para fazer download do material. Este conteúdo também encontra-se disponível em: **altabooks.com.br** (busque pelo título do livro).

Otimizar Sua Barra de Vida

"O tempo é o maior ativo que o ser humano tem. Não pode ser comprado nem vendido. Então, invista-o da melhor forma possível."

Gosto muito deste capítulo porque nele há diversos exemplos práticos sobre como podemos fazer a gestão de tempo e, além disso, traz uma visão diferente do que o tempo realmente significa para nós.

Acredito que já tenha lido os principais livros de gestão de tempo que existem, e todos apresentam técnicas similares. Na verdade, não há tanto segredo assim. No fundo, a pessoa que não consegue gerenciar o seu tempo de forma eficaz não consegue gerenciar a própria vida de forma eficaz, deixando que ela passe diante dos seus olhos, sem pensar a respeito, sem planejar e sem aproveitar tudo o que ela pode nos oferecer.

Essa é uma das maiores reflexões que já tive, se não for a maior.

Veja, nós estamos acostumados a simplesmente viver. É natural dos seres humanos. Quando nos tornamos adultos, invariavelmente entramos na rotina, às vezes planejamos nossos dias, acordamos, vivemos, dormimos. O problema acontece quando muitas dessas coisas passam a ser feitas de modo automático, sem pensarmos corretamente no hoje, no amanhã e em nosso futuro.

Tive esse mesmo problema. Acho que só parei para refletir de verdade sobre a minha vida — o que ela significava e como estava utilizando o meu tempo — depois dos vinte e poucos anos de idade, quando acredito ter atingido um pouco mais de maturidade.

O hábito da leitura me ajudou muito nessa reflexão e me trouxe diversos insights. É impressionante como o padrão se repete entre as pessoas mais bem-sucedidas do mundo, quando elas não levam uma vida equilibrada. Muitas se arrependem de não ter balanceado e gerenciado seu tempo de forma eficaz, não ter dado a atenção devida aos seus sonhos profissionais e pessoais para levar a vida de forma mais leve e garantir que, no futuro, ela seja plena, em todos seus aspectos.

O equilíbrio existe?

Particularmente, acredito que o equilíbrio na vida passa por fases. Dificilmente você consegue gerenciar o seu tempo de forma totalmente equilibrada em todos os momentos. Isso é uma utopia. Nós, que estamos atrás de nossos sonhos, sabemos que muitas vezes temos que sacrificar algumas coisas em detrimento de outras para podermos trabalhar mais, sermos mais focados por mais tempo e atingirmos mais resultados do que aqueles que não se esforçam tanto em suas ações para atingir o que realmente sonham.

A grande pergunta que deve ficar na sua cabeça o tempo todo é:

Quanto vale o que eu realmente quero, e quão importante é para mim, a ponto de eu investir o meu tempo nisso?

A partir do momento em que você se faz essa pergunta e o saldo da resposta é positivo, deve colocar todo o esforço de tempo e ação que puder para atingir o que deseja. Porém, muita atenção, esteja disposto a pagar o preço que isso cobrará.

Com isso claro em sua mente, conseguirá levar uma vida mais leve e fluida. Muitas pessoas querem fazer determinadas escolhas, atingir alguns objetivos na vida, mas, no fundo, não estão dispostas a abrir mão de um pouco mais de tempo livre, a ver um pouco menos seus amigos por um período, a menos em festas, a acompanhar menos as redes sociais. E, não tendo isso claro, a crise de identidade e até mesmo a falta de realização serão constantes.

A pergunta "Será que isso vale a pena?" sempre estará na sua mente, martelando o seu pensamento até que decida corretamente se sim ou não.

No final, a vida é feita de escolhas como essas, e você só será completamente feliz a partir do momento em que estiver decidido sobre isso.

A vida é muito curta, já falamos isso.

Por isso, precisamos aproveitar cada suspiro, cada segundo que temos para atingir aquilo que realmente queremos. Não tem certo nem errado, apenas escolhas individuais. A única coisa que peço, e que acho que deveria ter clara em sua mente, é que, a partir do momento em que fizer as suas escolhas, vá adiante, caia de cabeça e não pare até alcançá-las.

Eu mudei completamente a minha concepção sobre a vida quando comecei a fazer esta reflexão diariamente: se o que eu queria realmente valia o investimento do meu tempo e as concessões que deveria fazer para atingir determinados sonhos. Essa reflexão foi uma das coisas que me trouxeram até este livro, um dos maiores objetivos que tinha em minha vida.

A finitude do tempo

Quando se começa a observar muitas pessoas em nossa sociedade, infelizmente, nota-se que elas estão vivendo como manadas, inconscientes de que o tempo de suas vidas é finito, que está passando rapidamente e que isso é o maior dom que alguém poderia ter. Pessoas acordam no mesmo horário, fazem o mesmo trajeto, retornam às suas casas, fazem as mesmas atividades e vão dormir, para simplesmente repetir isso no dia posterior.

Por que isso?

Porque não fomos ensinados a pensar sobre o tempo e nossas vidas de forma objetiva e estratégica a ponto de aproveitá-los ao máximo? É como se a maioria dos seres humanos simplesmente não tivesse mais consciência de que a vida chega ao fim e que há uma única oportunidade de fazer o que deseja, de chegar aonde quer, de conquistar o que sonha.

Nesta parte da leitura, só quero lhe pedir uma coisa: não seja igual às outras pessoas.

Agora que está aqui, e se está aqui é porque quer se desenvolver, não deixe de perguntar a si mesmo o que está fazendo neste mundo. Qual o melhor jeito de aproveitar o seu tempo? O que sempre quis fazer, mas eventualmente desistiu ou falaram que não seria possível e você, infelizmente, acreditou?

Você não terá outra chance. Então, pare agora mesmo e se pergunte: se não agora, quando? Se não aquilo que sempre sonhou, então o quê?

Vou abrir meu coração e dizer o que me preocupa: que a maioria das pessoas gasta seu tempo observando, curtindo e se divertindo com histórias fictícias ou de outras pessoas, em vez de estarem escrevendo as suas próprias histórias de sucesso e de realização.

Exemplo disso? Televisão, mídias sociais, séries e tudo o que, na verdade, não existe.

Não estou dizendo para não ter os seus momentos de lazer, se divertir com sua família e as pessoas que ama; claro que o entretenimento é saudável, eu também adoro isso em alguns momentos. Contudo, as pessoas que realizam os seus sonhos sabem que simplesmente ficar em frente à televisão ou qualquer outro meio que citei durante várias horas por dia querendo viver a vida de outras pessoas tem um custo muito alto para o que isso oferece em retorno.

Se está investindo todo esse tempo na vida de outras pessoas, por que não investir todo esse tempo em você mesmo, em leitura, em cursos de autodesenvolvimento? Ou escrevendo seus sonhos, colocando no papel e em ação as suas metas e planos de ação mais ousados?

ESTE É UM CHAMADO PARA A AÇÃO. A SUA VIDA É UMA SÓ E ELA ESTÁ PASSANDO! VOCÊ ESTÁ REALMENTE FAZENDO TUDO QUE PODE PARA APROVEITÁ-LA AO MÁXIMO?

REFLITA.

Escolhas e renúncias

Como eu disse, a vida é feita de escolhas, e não de obrigações. Para fazer as escolhas, você deve estar disposto a arcar com as consequências até o final, e só então será uma pessoa decidida.

Se quiser assistir à televisão durante três horas por dia, esteja disposto a arcar com a consequência de colocar em risco seus sonhos.

Se quiser comer alimentos que não fazem bem para seu corpo, esteja disposto a correr riscos de saúde e não estar em boa forma física.

Se quiser atingir os seus sonhos mais ousados, esteja disposto a trabalhar por duras e longas horas até alcançar tudo o que deseja.

Para tudo o que fará, deve pensar o quanto isso trará de custo e o quanto trará de recompensa. Toda vez que, em sua análise, a recompensa for maior que o custo, deve tomar a decisão imediata de fazer o que planejou!

Isso quer dizer que será fácil? De forma alguma. Será difícil, assim como foi para todas as outras pessoas, mas você consegue, se mantiver foco e disciplina suficientes. Falaremos sobre isso no próximo capítulo, a respeito de hábitos de sucesso.

Se cada escolha que toma para alcançar aquilo que deseja tem um custo, precisa sempre se fazer as perguntas certas para garantir que aquilo que busca realmente valha a pena para o esforço que faz. Abaixo, destaquei quatro perguntas poderosas que utilizo para definir os custos e os benefícios de cada escolha e tirar minhas conclusões, e você pode utilizá-las sempre que estiver nesse momento de dúvida sobre qual caminho seguir.

1. O que você ganha (financeiramente, espiritualmente, em sua vida, no geral) se conquistar essa meta ou objetivo que tanto deseja? Quais serão os benefícios?

2. O que precisa abrir mão para atingir esse objetivo? (Tempo de diversão, dinheiro, lazer, emprego etc.)

3. O que perde em sua vida se não atingir esse objetivo? (Lembre-se: a vida é uma só, deixe bem claro o custo de não realizar os seus sonhos.)

4. O que ganha se não atingir esse objetivo? (Olhe pela ótica contrária: mais lazer, mais tempo, mais proximidade dos amigos etc.)

Invariavelmente, para cada escolha, uma renúncia. E o seu objetivo sempre precisa valer mais a pena do que o custo que coloca para atingi-lo, caso contrário você não terá força e energia suficientes para permanecer nesse caminho.

Uma vez que você tenha muito claro o que realmente quer em sua vida, quais são seus objetivos que valem a pena, então precisará gerenciar o seu tempo de forma eficaz para encaixar em sua rotina tudo o que precisa fazer no seu tempo certo.

Liberte seu cérebro

A primeira coisa que precisamos entender é que o nosso cérebro não foi feito para ficar acumulando diversas coisas pequenas, pendências e tarefas que devemos realizar e que ficaram pendentes.

Tenho certeza de que já aconteceu de você não conseguir dormir ou ficar ansioso durante o dia porque não podia se esquecer de ligar para alguém, de pegar algo na casa de um amigo, de dizer alguma coisa para alguém.

Essas pequenas tarefas se acumulam em sua mente de forma nociva, consomem sua energia e o deixam mais longe de cumprir suas metas.

Então, a primeira coisa a fazer para se livrar desse consumo de energia desnecessário é ter uma lista de afazeres.

Nessa lista, o ideal é colocar tanto tarefas mais simples como tarefas mais complexas que precisa realizar ao longo do seu dia ou ao longo da semana.

Exemplos de tarefas simples:

- Ir ao supermercado.
- Marcar consulta com o médico x.
- Retornar ligação da pessoa y.

Exemplos de tarefas complexas:

- Entregar relatório de resultados.
- Fazer apresentação para diretoria.
- Desenvolver o plano de negócio do próximo ano.

E por aí vai. O importante é listar todas as coisas que precisa fazer, pois esse é o pontapé inicial para conseguir organizar corretamente a sua rotina e o seu tempo.

Além disso, uma lista de afazeres lhe trará ainda dois benefícios importantes:

1. Diminui a ansiedade, pois tira a sobrecarga do seu cérebro, que não ficará pensando em diversas coisas pequenas e que têm pouca conexão com seus objetivos maiores.

2. Pouca gente tem conhecimento disso, mas, ao riscar um item da sua lista, seu cérebro libera dopamina, uma substância que proporciona prazer, motivação e sensação de dever cumprido. É por esse motivo que ficamos tão felizes ao riscar itens do nosso *check list*.

   Não deixe de utilizar essa ferramenta no seu dia a dia, para que ele seja muito mais produtivo.

Domine a procrastinação

Outro ponto importante da gestão de tempo é acabar com a famigerada procrastinação. Procrastinação nada mais é do que o ato de adiar algo que precisa ser feito e tirado da frente. Quando as pessoas procrastinam, deixam as coisas para a última hora ou acabam não entregando o que deveriam.

Existem algumas razões principais para que as pessoas procrastinem certas tarefas:

1. Elas não fazem a gestão adequada do seu tempo e deixam as tarefas para a última hora, sempre acreditando que dará tempo de fazer.

2. A tarefa a ser realizada traz alguma dor ou desconforto e é deixada para depois porque não há disposição para lidar com aquilo naquele momento.

3. Privilegiamos sempre as coisas mais fáceis, que nos dão menos trabalho e mais prazer, e deixamos as outras para depois, o que pode fazer com que seja tarde demais.

Isso trás grandes riscos para a sua produtividade, porque é impossível realizarmos somente tarefas que gostamos e que sentimos prazer em nosso dia a dia. Se não tivermos preparo mental e uma gestão de tempo eficaz para lidar também com essas tarefas menos prazerosas, estaremos postergando os nossos resultados e, consequentemente, o nosso sucesso.

Existem alguns métodos para não correr o risco de procrastinar tantas tarefas e afetar os seus resultados.

O primeiro deles é utilizar as perguntas que você aprendeu acima para identificar o que essa procrastinação lhe pode trazer de custos e de benefícios. O que atingirá ao realizar a tarefa o mais rápido possível, quais os resultados que colherá e quais os riscos existentes devido à sua não realização.

A segunda técnica é se visualizar realizando a tarefa e afirmar que você pode realizá-la o mais rápido possível e, com isso, tirá-la logo da frente. Feche os olhos, assim como fez nas afirmações, e repita para si mesmo: "Vou realizar essa tarefa agora!"

Com essa afirmação, você reforça para o seu cérebro que aquilo precisa ser feito e que o momento é esse! Não esqueça, por mais que o seu cérebro seja a ferramenta mais poderosa do mundo, ele é condicionado para postergar a dor, aumentar o prazer e diminuir os riscos. Então, treine-o corretamente.

A terceira técnica para acabar de uma vez com a procrastinação é realizar essa tarefa como a primeira coisa do seu dia, logo que inicia a sua jornada de trabalho.

O início do nosso dia é o período em que estamos com mais energia, acabamos de acordar e tomar um café da manhã equilibrado, e com isso nosso corpo está pronto para produzir resultados. E, se encara esse desafio logo de cara, no início do seu dia, você o tira da frente.

Essa é a técnica mais poderosa que pessoas de alta performance utilizam, começar o dia pelo mais difícil e pelas tarefas que vão trazer maior impacto.

Sempre pense dessa forma: "Se eu for realizar somente uma ou duas tarefas no meu dia, quais me trariam o maior impacto e me fariam chegar ainda mais perto das minhas metas e objetivos?"

Assim, você vai mensurar exatamente o que precisa realizar no seu dia para estar alinhado com seu objetivo, utilizará muito melhor o seu tempo e, invariavelmente, gastará menos energia para isso.

Quando começa o planejamento

Uma coisa que aprendi e que teve alto impacto em minha vida no que diz respeito à gestão de tempo e realização de tarefas na rotina é que a decisão de realizar as coisas é tomada não no dia em que se está, mas no dia anterior.

Você decide ir para academia antes de dormir, e não na hora em que acorda; também decide entregar aquele trabalho antes de dormir e não durante o dia, quando já gastou energia e ficou estressado com outras coisas que ocorreram.

Portanto, grave isso com muita atenção, tenha a sua lista de afazeres para o dia seguinte pronta antes mesmo de dormir.

Escreva quais são as suas metas para aquele dia, quais tarefas precisa realizar, qual o trabalho precisa entregar, e não se esqueça da pergunta mágica: "Se eu for realizar apenas uma ou duas tarefas no meu dia, o que poderei realizar que me levará mais próximo do meu objetivo e da minha maior meta?"

Guarde isso em um diário ou em seu caderno de anotações e ande sempre com ele. Toda vez que realizar um item da sua lista, risque-o e aproveite essa injeção de motivação para partir para o próximo!

Organização do tempo e da rotina

Outro ponto importante é dividir o seu tempo em blocos e organizar tarefas similares nos mesmos blocos. Isso porque é cientificamente comprovado que o seu cérebro demora mais ou menos 30 minutos para se readaptar a uma nova tarefa, e, com isso, você perde tempo e fica mais improdutivo.

Sendo assim, nunca coloque atividades criativas e administrativas juntas. Você ficará confuso ao longo da sua realização e seu cérebro perderá potência.

Divida seus blocos de tempo entre as tarefas que precisa pensar mais para realizar e que são mais estratégicas e as tarefas que você já faz quase automaticamente e de forma rápida.

Para ser mais produtivo, siga estes passos:

1. Trabalhe o mais focado que conseguir de manhã, quando está mais alerta e produtivo. Trabalhe sem intromissão e, se possível, utilize o *home office* e um horário de almoço alternativo, pegando menos filas e aproveitando o tempo livre para produzir mais.

2. Se tiver uma sala particular, a melhor coisa é trabalhar de porta fechada pela manhã. Caso contrário, tente utilizar fones de ouvido e se isolar um pouco do ambiente de trabalho.

3. Chegue uma hora antes dos demais e saia uma hora depois. Com isso, você entregará mais e, consequentemente, avançará na carreira mais rápido que os outros, se esse for o seu objetivo. Esta é uma técnica muito poderosa dos superprodutivos.

Existem outros fatores na nossa rotina atual de trabalho que podem afetar muito a nossa produtividade. Tenho certeza de que tem ou terá contato com vários deles, então vou elencar os mais importantes e, ao mesmo tempo, mais "perigosos" para a sua rotina, para que fique alerta e preste atenção no seu dia a dia:

1. Cuidado com a maldição do e-mail.

   Atualmente, estamos tão habituados a responder e-mails o dia inteiro que o significado de trabalho praticamente se tornou isso.

   Responda apenas duas vezes por dia, e não o dia inteiro, em horários já preestabelecidos dentro da sua rotina. Ao longo do dia, deixe o e-mail fechado, para não se distrair com notificações que vão atrasá-lo na sua tarefa principal. O que aprendi com o tempo é que isso funciona muito melhor que eu imaginava. Quando as coisas são muito ur-

Otimizar Sua Barra de Vida 141

gentes, invariavelmente, as pessoas telefonam. Trabalhar mais não está relacionado a esvaziar sua caixa de entrada todos os dias.

2. O mesmo vale para retornar ligações. Sugiro que tenha um bloco de tempo para fazê-las e retorná-las. Assim, não interrompe a todo momento o que está fazendo e tira o foco do seu cérebro, que demorará para se readaptar à tarefa anterior.

3. Reuniões também são pequenas assassinas da produtividade.

Quantas vezes já não me peguei em reuniões sem duração predefinida, sem ata do que será discutido e, no fundo, viraram apenas um encontro para conversa ou uma sessão de *brainstorming* (criação de ideias)?

Seja autocrítico quanto às suas reuniões.

Elas devem ser feitas estrategicamente. Você deve entender cada reunião como um investimento de tempo — seu e da sua empresa — e decidir comparecer ou não.

Você tem um custo de uma hora.

Então, faça essa pergunta a si mesmo: ir a essa reunião é o melhor uso desse investimento ou poderia fazer algo mais impactante com esse mesmo tempo, que entregaria mais resultados para todos?

Sendo assim, evite reuniões desnecessárias e sempre tenha uma agenda para a reunião, os tópicos que serão discutidos, horários para início e fim.

Quando finalizada, sempre envie ou cobre uma ata para que o que foi discutido tenha continuidade. Você não imagina como isso muda a rotina de uma organização.

Quanto mais organizado for, mais produtivo será e, consequentemente, mais resultados entregará, o que é um ótimo componente para o seu sucesso.

Com o tempo, se realizar todos esses critérios para gestão de tempo e organização, você passa a condicionar o seu cérebro para isso. O cérebro entende que a forma como faz uma coisa é como fará todas as outras.

Por isso, falamos em não abrir exceções sobre suas metas e suas rotinas, para não condicionar o seu cérebro de forma errada. O mesmo vale para organização e para o seu ambiente de trabalho, tanto para você como para as pessoas que estão à sua volta.

Se deixar o seu ambiente de trabalho, sendo mesa ou sala, constantemente desorganizados, como seu cérebro e as outras pessoas reagirão a isso? No mínimo, pensarão que você é uma pessoa desorganizada.

Imagine se você, como CEO, fosse constantemente falar com um diretor que se reporta a você, e a mesa dele estivesse sempre lotada de pilhas de papéis, Post-its colados para todos os lados e pastas de arquivos fora do lugar. O que pensaria?

Exatamente: que seu diretor é desorganizado e não está conseguindo acompanhar todas as tarefas que são solicitadas durante o dia.

Não dê a oportunidade de outras pessoas pensarem o mesmo de você! Seu ambiente de trabalho precisa sempre estar impecável.

Trabalhe com a sua mesa limpa. Quanto mais papéis e tarefas pendentes carregar na sua mesa, mais difícil fica a organização. Guarde as suas coisas nas pastas corretas, nas gavetas corretas, faça isso diariamente e, conforme acabar com as pendências, elimine o seu lixo. Novamente, condicionará o seu cérebro da forma correta: a de um realizador de tarefas!

Realize mais tarefas

Existem várias técnicas para organizar as tarefas ao longo do seu dia que podem ajudá-lo a elencar quais são as mais importantes e que devem ser realizadas com mais urgência.

A primeira delas é a que já falamos, a de se perguntar constantemente: "Se eu for realizar somente uma ou duas tarefas no meu dia, quais me trariam o maior impacto e me fariam chegar ainda mais perto das minhas metas e objetivos?"

Isso funciona porque está focado na lei de Pareto, a lei 80/20. Que diz que 80% dos seus resultados está concentrado em 20% das tarefas que precisa realizar.

Por causa disso, muitas pessoas de alta performance, ironicamente, denominam-se preguiçosas. Afinal, não significa que elas realizam o maior número de tarefas possível ao longo do dia e que são multitarefas, e sim que elas têm o dom de focar as tarefas que trarão mais resultados, colocam todo seu foco e energia nelas e, com isso, atingem os melhores resultados. É a atenção total à lei de Pareto.

Ainda assim, uma ferramenta que gosto muito de utilizar para a priorização do tempo é a matriz de Eisenhower, criada pelo ex-presidente dos Estados Unidos, Dwight Eisenhower.

Ela é muito famosa e utilizada com sucesso em diversas empresas, para auxílio na organização das tarefas.

A matriz possui alguns questionamentos que fazem com que organize melhor suas tarefas, sendo eles: se a tarefa é importante ou se é urgente.

Tarefas importantes são aquelas que trazem resultados no curto, médio e longo prazo, que podem ser planejadas com antecedência e programadas em sua rotina.

Tarefas urgentes são aquelas cujo prazo está prestes a estourar, ou já estourou, e precisam ser realizadas sob pressão e com alto índice de estresse.

De acordo com a matriz, existem quatro tipos de divisão de tarefas, conforme mostra o quadro abaixo:

1. Urgentes e importantes.

   São as tarefas que precisa completar para continuar entregando o seu trabalho. Esse é o quadrante mais importante da sua rotina, no qual deve focar de imediato, logo que chega ao trabalho ou que começa a sua rotina. Esse tipo de tarefa nunca deve ser procrastinado.

   Exemplos: resoluções de crises, grandes projetos da empresa com prazos predefinidos, reuniões de emergência.

2. Importantes, mas não urgentes.

São tarefas que precisam ser feitas, mas podem ser procrastinadas estrategicamente, para não comprometer a entrega do primeiro quadrante. Depois de realizado o quadrante 1, este também precisa se realizado.

Exemplos: atividades já programadas em sua rotina, avaliações de desempenho e feedbacks de equipe, algum tipo de treinamento pré-agendado.

3. Urgentes, mas não importantes.

Esse é o quadrante chamado de ilusão e que engana a maioria dos profissionais. As pessoas acham que as tarefas são importantes por serem urgentes, mas não são. E as pessoas acabam focando energia e tempo em uma tarefa desse quadrante quando deveriam deixar de fazê-la ou delegá-la. Com certeza conhece diversas pessoas que vivem presas nesse quadrante e estão constantemente "apagando incêndios", nunca têm tempo para nada, trabalham longas horas e, mesmo assim, não entregam os resultados esperados pelas empresas e gestores.

Exemplos: reuniões não importantes estrategicamente, tarefas que devem ser delegadas para as equipes, assuntos "para ontem" que em nada afetam os primeiros dois quadrantes.

4. Não importantes e não urgentes.

As tarefas que estão nesse quadrante são total desperdício de tempo e não contribuem em nada para a sua vida profissional e pessoal.

A maior dificuldade das pessoas, atualmente, é dividir de forma eficaz quais as tarefas que precisam ser realizadas e quanto tempo elas irão dedicar a cada uma e quais podem ser descartadas.

Exemplos: tempo ocioso na televisão ou internet, redes sociais, conversas longas no café, horários longos de almoço.

Por último, uma técnica de que gosto muito é a lei dos dois minutos. Ela diz que se você tem uma pequena tarefa ou pendência e ela levará menos de dois minutos para ser realizada, realize-a agora. Gosto desse critério, porque ele nos ajuda a mensurar o que podemos realizar agora e o que podemos deixar para depois. A parte boa é que, com essa lei, impedimos que muitas coisas pequenas se acumulem na nossa lista de afazeres e nos deixe com aquele sentimento de que será impossível realizar tudo.

No mais, como você já sabe, realizando essas pequenas tarefas, uma atrás da outra, a dopamina será constantemente liberada no seu cérebro, o que lhe trará motivação ao longo do seu dia e o ajudará a se sentir cada vez mais motivado para realizar as suas tarefas.

Faça a escolha correta

A boa gestão do tempo depende de você, da sua determinação para organizar sua rotina e de sua própria definição do que quer realizar mais, se quer entregar mais resultados, e condicionar o seu cérebro para isso.

Utilizar o tempo da melhor forma possível traz benefícios impressionantes para todas as esferas da sua vida. Nunca deixe de refletir o que cada uma das escolhas e dos caminhos que está tomando podem trazer ou não de benefício para você e sua vida.

Nunca esqueça que o tempo passa muito rápido, que essa é a única chance que tem de realizar tudo o que sonha e deseja.

Não seja uma das pessoas que vive nessa "sensação de manada". Seja desperto, esteja atento a tudo o que acontece à sua volta, seja e faça diferente e chegará a um lugar diferente.

Se utilizar o seu tempo da melhor maneira possível e viver a sua vida intensamente, atingirá o que deseja. É isso que espero de você neste capítulo. Abra seus olhos para tudo e, como próximo passo, escreva, desde agora, o que quer realizar amanhã e quais as duas coisas que podem levá-lo mais perto da sua maior meta e seu maior objetivo!

COMECE AGORA.

Se preferir, em vez de escrever no livro, preparei um e-book para ser preenchido com os exercícios deste capítulo. Acesse: **www.pauloibri.com.br/livro** e coloque seu e-mail para fazer download do material. Este conteúdo também encontra-se disponível em: **altabooks.com.br** (busque pelo título do livro).

Pivote Seus Hábitos

"O sucesso são escolhas certas feitas de forma contínua. As falhas são o oposto."

Tenho certeza de que, neste momento, você já percebeu que existem muitos mitos sobre o sucesso. Eles colocados em nossas cabeças para acreditarmos que o sucesso é inatingível para a maioria das pessoas, e que quem chega ao topo é sortudo, nasceu com algum tipo de dom ou teve uma herança fora do comum.

Ora, isso simplesmente não é verdade! O sucesso está disponível para todos e, para se chegar lá, basta seguir alguns simples passos, presentes neste livro, para destravar o seu verdadeiro potencial e o do seu cérebro, além de retirar os bloqueios e travas mentais que já teve.

Para isso, não bastam apenas planejamento e muita ação; você precisa de dois componentes extremamente importantes e que vão ditar a consistência das suas ações e o quanto realmente está determinado a chegar aonde tanto sonha: disciplina e bons hábitos.

Se a nossa mente não estiver 100% condicionada para resistir a caminhos tortuosos, dificuldades e grandes desafios, não temos como ganhar as batalhas para chegar ao sucesso.

Poder da disciplina

Disciplina deve ser algo constante, não praticada em momentos específicos no seu dia ou semana. É algo que você pratica a cada segundo e que, no longo prazo, se soma para a grandiosidade. É como uma construção em que você adiciona bloco em cima de bloco e, na hora em que percebe, construiu um arranha-céu.

Tem um ponto ao qual precisa ficar extremamente atento durante a sua jornada ao sucesso, que, reforçando, será construída no longo prazo. Como você condiciona a sua mente para uma coisa é como a condiciona para tudo. A forma como constrói congruência em tudo o que faz, sem abrir exceção para as suas vontades, faz toda a diferença, pois você formata o seu comportamento da forma que deseja.

Exemplo: você está em uma dieta e, no começo, segue-a à risca. Todos os dias cumpre o plano corretamente, até que sente uma vontade enorme de comer um doce à noite, logo após a janta. Nesse momento, você pode dizer a si mesmo: "E só um docinho, se eu comer isso hoje não fará diferença nenhuma no resultado da minha dieta."

Infelizmente, está equivocado. Posso até concordar que não faz diferença nenhuma no resultado da sua dieta em termos de calorias, mas faz toda a diferença na sua dieta em termos de condicionamento da mente. Afinal, se disse isso a si mesmo uma vez e acreditou no que disse, o que o impedirá de repetir o ato mais uma, duas, três ou quatro vezes, até que a dieta esteja finalmente terminada e seja um fracasso?

Isso já aconteceu comigo e tenho quase certeza de que aconteceu com você também.

Outro exemplo clássico: você coloca uma meta para si mesmo de ir à academia pelo menos quatro vezes na semana. Durante dois meses você segue essa rotina passo a passo. Contudo, um dia chega cansado do trabalho e está difícil se motivar para ir à academia. Então pensa: "Já fui três vezes à academia essa semana, se eu deixar de ir somente a quarta vez não será tão diferente assim e não deixará de fazer resultado."

Pronto! Você acabou de dar ao seu cérebro toda a justificativa que ele precisava para, dali em diante, deixar de ir à academia um dia na semana e ir somente três vezes; e, quando menos espera, duas vezes e depois uma vez, até que retorna à rotina sedentária.

Esse é o poder que a sua mente tem se não a condicionar direito. Da mesma forma que ela pode ser utiliza para recursos ilimitados positivamente, ela tem um risco se não for bem utilizada e treinada.

E a mesma coisa acontece com diversos exemplos em sua rotina e que as pessoas nem percebem o quanto as afeta. Seguem mais situações em que isso pode acontecer na rotina das pessoas:

- Acordar 15/20 minutos mais tarde do que deveria depois que o despertador toca.
- Chegar dez minutos atrasado no trabalho.
- Sair dez minutos mais cedo do trabalho porque não tem ninguém vendo.
- Dormir 20 minutos mais tarde.
- Assistir à televisão durante 45 minutos, em vez de 20 minutos.

- Pedir comida três vezes por semana, em vez de somente uma vez.

- Sair com outra pessoa durante um relacionamento sério.

- Gastar um pouco mais do que tinha orçado no início do mês.

- Comprar uma coisa a mais do que deveria.

- Mexer um pouco mais no celular do que está acostumado.

E por aí vai. Existem diversos exemplos bastante comuns e que podem estar afetando-nos mesmo sem percebermos.

Sendo assim, não diminua a importância que este fator pode ter em sua vida e na sua jornada ao sucesso: como você faz uma coisa é como faz todas as coisas.

Seja o líder da sua mente, conduza seu cérebro corretamente e então poderá utilizar da melhor forma os seus recursos ilimitados. Esse é o poder que a disciplina correta pode ter.

Com essa disciplina, estará apto a construir os hábitos corretos para a sua vida vão levá-lo mais perto da sua meta e dos seus objetivos. Afinal, a vida nada mais é do que uma série de hábitos entrelaçados, construídos ao longo do tempo.

Três passos da disciplina e seus benefícios

Você precisa seguir três simples passos para garantir essa disciplina ao longo de sua vida e ter isso muito claro em sua mente a todo momento:

1. Ter a consciência de que não é fácil.

   Tudo o que vale muito a pena na vida requer esforço. Fazer dieta, exercícios, estudar, ler livros, fazer cursos, trabalhar 12 horas é difícil.

Fácil é ver televisão, assistir a novelas, não ler livros, sair para beber toda semana e não se dedicar ao aprendizado contínuo e aos seus objetivos de longo prazo.

2. Disciplina é uma atividade de todo dia.

Você precisa ser consistente. Isso serve para todas as áreas da sua vida e a todo momento. O que você faz uma vez, pode fazer toda vez. Ou seja, se você se comprometeu com algo, mesmo que seja com você mesmo, não decepcione esse comprometimento, porque, uma vez que abrir uma exceção, sua mente abrirá espaço para sempre abrir mais exceções.

3. Para cada esforço se tem uma colheita múltipla de resultados.

O melhor da vida é que você colhe muito mais do que planta. Para cada esforço com disciplina, maior será a recompensa. Sempre mire no longo prazo e no que conquistará a partir do momento em que construir um bloco em cima do outro.

Esse ponto é fundamental. Entender que as pessoas de maior sucesso no mundo decidiram ter uma recompensa maior no futuro do que uma recompensa normal no agora.

Como o futuro é distante, temos dificuldade de visualizar o que pode ser, o que podemos ter e conquistar em longo prazo. Então, seria melhor garantir o prazer agora — mas isso vai contra os fundamentos do sucesso.

Para atingir uma fortuna, você precisa poupar e investir constantemente para o longo prazo. Você só atinge isso se viver abaixo do seu padrão normal de vida e guardar dinheiro todo mês. Se viver sempre em linha com o seu salário e o seu padrão, nunca sobra dinheiro. Você prefere o prazer imediato à recompensa no futuro.

Isso está cada vez mais enraizado na sociedade de consumo em que estamos inseridos. Sempre queremos comprar algo mais, algo novo, com o intuito de nos fazer sentir bem, na moda, de acordo com os padrões da sociedade.

Não estou dizendo para abrir mão das coisas que o fazem feliz, de comprar algumas roupas, de se sentir bem com você mesmo. Mas tenha em mente que é igualmente importante poupar dinheiro com foco no longo prazo e no que poderá ser no futuro.

Se pagar o preço agora e abrir mão de algumas coisas, no futuro terá muito mais recursos e poderá pagar qualquer preço pelo que deseja.

A consequência nos seus resultados

Quer entender de forma mais tangível o poder que a disciplina terá nos seus resultados e no seu futuro? Então, vou contar-lhe um pouco sobre um experimento muito famoso, chamado de experimento do *marshmallow*, que foi um experimento feito para comprovar o valor dessa recompensa tardia.

O estudo foi realizado no início dos anos de 1970 pelo psicólogo Walter Mischel, na Universidade de Stanford. No estudo, o professor e seu time ofereciam às crianças uma pequena recompensa imediata (na maioria das vezes, um *marshmallow*), ou duas recompensas, se a criança esperasse um pouco.

A escolha ocorria enquanto os pesquisadores deixavam a sala durante mais ou menos 15 minutos. As crianças ficavam se confrontando com o doce e se deveriam segurar ou não seus ímpetos, com a possibilidade de dobrar a recompensa.

Esse estudo foi feito com mais de 600 crianças. Uma parte pequena delas comeu o *marshmallow* logo de imediato. Das que seguraram a tentação, apenas 33% conseguiu aguentar durante os 15 minutos e receber dois *marshmallows* pelos seu esforço.

Agora, o que mais impressiona nesse estudo. Os pesquisadores acompanharam a trajetória dessas crianças que compunham os 33% que conseguiram segurar até receber uma recompensa maior e o que eles descobriram foi o seguinte:

- Todas essas crianças, agora adultos, apresentaram uma tendência a ter mais sucesso na vida.

- Esses mesmos adultos apresentaram notas consideravelmente maiores no SAT Score dos Estados Unidos (exame educacional norte-americano para admissão em faculdades, semelhante ao ENEM).

- As notas dessas pessoas nas escolas foram maiores.

- Elas apresentaram índice de massa corporal mais saudável.

- Além de outros critérios de medição.

Isso comprova a importância de treinar o seu cérebro para ser firme em alguns momentos, resistir a tentações imediatas e garantir que terá mais resultados no futuro.

Da disciplina ao hábito

Essa disciplina correta fará com que construa hábitos saudáveis, de sucesso, que lhe que trarão ao longo do tempo excelentes frutos. Afinal, o que é a vida se não uma série de hábitos que repetimos, dia após dia, por meio dos nossos comportamentos?

A parte mais interessante dessa disciplina é que, na maior parte das vezes e para a maior parte das iniciativas, ela só é necessária no início. No começo, para mudar um comportamento, você precisa de força de vontade, mas em seguida vira um hábito, seu cérebro já entende como um padrão normal e não precisa mais gastar energia com isso, pois o automatiza. Você pode, então, pensar em outra coisa e gastar energia para construir algo novo.

Lembra-se de quando começou a dirigir?

Era tudo difícil. Você precisava de concentração para saber quando pisar na embreagem, quando mudar a marcha, quando ligar a seta, olhar nos espelhos laterais, retrovisor. Tinha medo de mudar de faixa, o carro morria. Parar em uma rampa com o freio de mão, então! Que pesadelo!

Depois de um tempo, o que aconteceu? Você passou a dirigir como um hábito, automaticamente. A concentração de que precisava antes não é mais necessária. Atualmente, pode dirigir ouvindo música, notícia, falando no celular (no viva-voz), entre diversas outras coisas; muitas vezes, até chega a um lugar dirigindo, em segurança, sem sequer lembrar qual caminho fez até lá e como dirigiu sem pensar no que estava fazendo.

Já aconteceu?

Esse é nosso famoso piloto automático. Quando nosso cérebro se acostuma com algo, que no começo exigia disciplina e depois virou hábito, você não precisa mais pensar sobre isso. De acordo com neurocientistas, em torno de 40% da nossa rotina é feita de hábitos.

Assim como tudo que pesquisa a respeito de nosso cérebro e nossa mente, existem vários estudos que falam a respeito da criação de um hábito no que diz respeito a prazos. Muita literatura diz que esse prazo é de 21 dias. Contudo, recentemente vêm aparecendo novas pesquisas e o número que se trabalha hoje é de 66 dias.

Eu particularmente confio mais na estatística de 66 dias. Acredito que 21 dias é um período muito curto para construir um novo padrão de pensamento e comportamento em seu cérebro, então, é melhor garantir que esse comportamento será duradouro!

O estudo a respeito de se formar um hábito em 66 dias foi realizado na Universidade de Londres por um professor chamado Jane Wardle e publicado no Jornal Europeu de Psicologia Social, confirmando que a maior dificuldade para a criação de um hábito está nos primeiros dois meses.

Com o tempo, comecei a observar que as pessoas mais bem-sucedidas do mundo tinham uma grande diferença se comparadas com as outras: os hábitos que construíram ao longo do tempo.

Os 9 principais hábitos do sucesso

Existe um padrão no hábito dessas pessoas e vou dividir alguns deles.

Hábito 1 — Leitura

Não é segredo para ninguém o quanto eu sou fã incondicional de livros. Inclusive falarei ainda mais desse assunto.

Acredito muito que esse é um dos hábitos mais importantes, se não o mais importante, que uma pessoa que quer atingir o seu máximo de performance precisa ter.

Eu sei o que pode estar pensando: "Não acredito que a leitura possa ajudar tanto assim, quando eu lia na escola ou na faculdade não sentia tanta diferença e em nada afetou os meus resultados ou minha renda".

Imagino que possa estar pensando assim porque já pensei a mesma coisa por grande parte da minha vida. Mas, ao longo da minha jornada pela alta performance, notei que muitas pessoas de sucesso tinham esse hábito e comecei a duvidar das minhas crenças. Pensei: "Se todo mundo que atingiu o sucesso costuma fazer isso diariamente e tem resultados, por que comigo será diferente?" E, assim, embarquei nessa jornada também.

A leitura de bons livros gera diversos e tremendos benefícios, sendo o principal deles o aprendizado.

É por isso que um CEO lê, em média, de acordo com pesquisas, 60 livros por ano.

Bill Gates; Warren Buffet; Mark Zuckerberg; Alexandre, o Grande; Elon Musk; Jeff Bezos; Abílio Diniz — todos têm em comum o mesmo hábito de ler, e ler muito.

Por meio dos livros, principalmente os de não ficção, como este, você aprende com experiências de outras pessoas que, na maioria das vezes, já passaram pelo que está passando ou quer passar, já sofreram e aprenderam com isso e estão dando-lhe um atalho.

Quantas oportunidades você acredita que terá de sentar em uma sala e aprender diretamente com Jeff Bezos, atualmente o homem mais rico do mundo, criador da rede de varejo online Amazon? Eu não o conheço pessoalmente, mas chutando eu diria que nenhuma!

Mas você tem a chance de entrar na mente dessa pessoa brilhante por meio de sua biografia. Entender como ele pensou na hora de criar a Amazon, quais foram as suas dificuldades, como treinou sua equipe, o que enxergou no mercado. Praticamente tudo.

Agora, imagine conseguir colher esse conhecimento de muitas das pessoas mais bem-sucedidas do mundo e utilizar isso em sua rotina para superar também os seus problemas.

Se é empreendedor ou empresário, será que não tem nenhum problema que Jeff Bezos já tenha passado e que poderia lhe ensinar alguma lição antes de cometer algum erro semelhante?

Eu acredito que sim.

Acima de tudo, os livros são uma ferramenta extremamente acessível e com custo muito baixo comparado ao que ganha em retorno. Está praticamente ao alcance de todos, para quem quiser aproveitar.

É triste dizer, mas infelizmente a maioria das pessoas não quer aproveitar essa ferramenta. De acordo com pesquisas, um adulto brasileiro lê em média dois livros por ano. Compare isso com a estatística que eu mostrei de um CEO e verá uma diferença de 30 vezes.

Agora lhe pergunto: o quanto essas 30 vezes podem afetar os seus resultados, sua performance e o seu sucesso?

Vamos comparar a diferença entre o salário de um cidadão comum no Brasil e de um CEO. Atualmente, a média do salário dos brasileiros é de R$2.100. Um CEO costuma ter um salário que varia de R$40 mil a R$100 mil.

Curiosamente, se o salário de um brasileiro comum for multiplicado por 30 (a diferença entre o que um CEO lê e o cidadão lê), o valor que temos é de R$60 mil, a média da remuneração de um CEO.

Não estou dizendo que os dois fatores estão 100% relacionados e nem que esse é o único fator que faz com que um CEO tenha uma remuneração muito acima do mercado. No entanto, estou colocando dados em uma comparação que muitas pessoas tratam como intangível.

A leitura é fundamental para o seu desenvolvimento e, assim como os outros pontos que iremos abordar, deve se tornar um hábito saudável e rotineiro em sua vida.

Existe uma frase famosa que diz: "Se quer descobrir como um líder comanda o seu time, descubra o tamanho de sua biblioteca." Ela ilustra exatamente o que estamos discutindo neste capítulo.

Assim como você tem horário para se alimentar, sabe exatamente que horas vai tomar café, que horas vai almoçar, jantar e fazer seus lanches, você precisa ter um horário predefinido para alimentar a sua mente. E a melhor ferramenta para fazer isso, na maioria das vezes, é um bom livro.

Sendo assim, coloque esse hábito em sua rotina. O que acontece com a maioria das pessoas que começa um livro e nunca o acaba é que elas não persistem. Se colocar isso em sua agenda, estará preparado contra a desistência.

Acostume-se a ler pelo menos 15 minutos pela manhã e 15 minutos à noite de um livro que tenha vontade. Não esqueça: se fizer isso por 66 dias, vai se tornar um hábito. Quando menos perceber, estará lendo 20, depois 30, depois 40 minutos. E acumulará os seus livros em sua biblioteca particular.

Primeiro, um a cada dois meses; depois, um por mês; dois por mês e assim por diante.

Mas, como todo hábito dos bem-sucedidos, é necessário dar um pontapé inicial. Pare a leitura, coloque isso em sua rotina e já planeje qual será seu próximo livro.

Hábito 2 — Invista em você

Você percebeu como as pessoas de sucesso realmente possuem hábitos diferentes. Já deve ter imaginado que elas entendem de investimentos mais do que ninguém, porque estão sempre focadas em acumular mais e garantir um futuro mais próspero, focadas no longo prazo.

Mas o mais fascinante não é isso. O que mais me chamou atenção no padrão dos bem-sucedidos é de que tipo de investimento eles entendem como ninguém. Não é investimento em ações, títulos públicos, fundos, imóveis, dólar, nenhum desses.

É o único investimento do mundo que não tem risco nenhum, que o retorno é sempre maior do que o inicial e que não deprecia de nenhuma forma, que é o investimento em si mesmo.

O impressionante é que realmente não estamos acostumados a pensar dessa forma e, para muitas pessoas, como o ensino formal, fundamental, médio e superior são um pouco traumatizantes, paramos de estudar. Achamos que depois do curso superior ou no máximo em uma pós-graduação já estamos com o conhecimento necessário para seguirmos nossas vidas e sermos bem-sucedidos. Entretanto, não funciona assim.

Os livros estão totalmente relacionados a isso de alguma forma e não estou endereçando apenas o ensino formal. O ensino que chamamos de não formal e a possibilidade de aprender com outras pessoas também é muito importante.

Quem realmente quer ter sucesso e atingir patamares que outras pessoas não atingiram precisa investir no próprio conhecimento e na própria aprendizagem. Essas pessoas entendem que isso não é um custo, é um investimento. Quanto mais você investe em si mesmo, maior a sua possibilidade de ganhos, mais renda você tem, mais formas de ganhar dinheiro você enxerga, e com isso acumula mais riqueza, tanto financeira quanto mental.

Toda vez que for investir em um curso, pense o seguinte:

1. Quanto ele me custa?

2. Por que esse curso é importante para mim?

3. O que vou aprender com isso?

4. Em quanto tempo consigo colocar esse ensinamento em prática e pegar de volta o meu investimento?

Não adianta também apenas investir em conhecimento, deixar seu cérebro transbordando e não utilizar os conceitos que aprende. Você precisa colocar em prática, fazer conexões do que aprende com as atividades do seu dia a dia e encontrar uma forma de potencializar esse conhecimento.

Não perca a oportunidade de ir a bons cursos, presenciais ou online, assistir boas palestras, ir a seminários, reuniões de *networking*, eventos, tudo o que tiver direito para aprender mais e adquirir mais conteúdos diferenciados.

Quando descobri isso e aliei ao hábito da leitura — *Boom!* —, minha vida estourou. Parece que as oportunidades começam a aparecer na sua frente de uma hora para a outra e você simplesmente não pode parar de percebê-las. É incrível!

E se permitir que isso aconteça com você também, nunca mais voltará atrás e sua chance de arrependimento é praticamente nula!

Hábito 3 — Cuide do seu templo

É normal que durante a sua jornada ao sucesso tenha que abdicar de algumas coisas, seja tempo livre, lazer, tempo com a família, com os amigos etc. É difícil, mas sempre são necessárias algumas escolhas para chegar aonde tanto deseja. Todos já passaram por isso.

Contudo, se tem algo que aprendi com o tempo e que é praticamente um padrão entre as pessoas mais bem-sucedidas do mundo que elas cuidem do próprio templo, do seu corpo.

O corpo que tem é o único lugar que poderá morar até o momento da sua morte, ou seja, se não cuidar bem dele, não terá uma vida muito longa. Por isso, exercício físico é tão fundamental, seja ele qual for e o que tiver maior aptidão.

De nada adiantará construir o maior império do mundo, ter a maior riqueza, se não tiver a saúde para aproveitar isso mais tarde, para dividir com a sua família e para ajudar as pessoas que necessitam.

Eu não sou especialista nesse assunto para lhe dar conselhos sobre exercícios, porém tenho a certeza de que qualquer coisa que o colocar em movimento fará com que se sinta melhor, nem que seja uma simples caminhada no início do seu dia.

Além disso, para cuidar realmente do seu corpo, será necessária uma alimentação adequada. Não maltrate de um de seus maiores ativos, uma das maiores dádivas que você tem em sua vida.

Preste atenção na quantidade de açúcar que consome durante o seu dia, nas gorduras, no sódio, nos produtos industrializados, nos refrigerantes e em tudo que não seja proveniente da natureza.

164   *Alta Performance & Impacto*

Está consumindo vegetais? Está consumindo frutas? Tem uma dieta mais rica em proteínas do que em carboidratos?

Invariavelmente, essas regras são as regras básicas para manter um corpo saudável.

Por último, mantenha-se hidratado. Oitenta por cento do corpo humano é feito de água e, além da água naturalmente proveniente dos vegetais, é importante beber água durante o dia, purificando o seu corpo.

Hábito 4 — Meditação

Já falamos de hábitos da mente, já falamos de hábitos para o corpo e da importância do exercício físico. Porém, existe ainda um hábito muito comum entre as pessoas de alta performance, que infelizmente é pouco conhecido no mundo ocidental, mas gera resultados tremendos. Este hábito é a meditação.

Uma das melhores definições que já escutei sobre a meditação é ser a musculação da mente.

Se soubesse desde cedo que existia uma prática que podia expandir minha capacidade cerebral, eu teria começado a praticá-la há muito tempo.

Recentemente, a prática de meditação vem se expandindo para todo o mundo, dado os benefícios que proporciona, e a única coisa que gostaria de sugerir é que teste a sua prática, sem preconceitos, e analise se ela faz sentido para você.

No Brasil e no mundo, já há diversas empresas montando grupos de meditação entre seus funcionários durante o expediente para tirá-los um pouco da rotina e da loucura do dia a dia e transportá-los a um estágio mais calmo e tranquilo. Isso tem demonstrado diversos benefícios em termos de performance e integração das equipes.

Entre os benefícios da meditação, vários são cientificamente comprovados, como:

- Redução do estresse.
- Redução da ansiedade.
- Aumento da autoconsciência.
- Maior nível de atenção.
- Melhora na memória.
- Diminuição de vícios — como, por exemplo, comer muito chocolate.
- Melhora na qualidade do sono.
- Diminuição da pressão sanguínea.

Acredito que esses já são suficientes para garantir que qualquer pessoa tenha o desejo de iniciar essa prática.

Minha sugestão é que se inicie com 10 a 15 minutos uma vez ao dia. Depois, aumentar para duas vezes ao dia. Com isso fica fácil encaixar na rotina e é possível sentir as melhorias internas.

Hoje em dia, com a tecnologia, ficou ainda mais fácil adquirir esse hábito de forma simples e barata. Minha dica são os aplicativos: Calm e Headspace. Além disso, o dispositivo eletrônico Muse, que auxilia a entrar em estado de meditação e é autoexplicativo. Infelizmente, até a publicação deste livro, ele só é vendido nos EUA.

Hábito 5 — Faça tudo com um propósito

Um dos hábitos e costumes das pessoas mais bem-sucedidas do mundo é fazer tudo com um propósito. Por isso, é normal que cada vez mais as pessoas que já tiveram sucesso consigam construir outras coisas ou negócios de sucesso.

Quando se é movido por um propósito maior do que somente o sucesso ou o dinheiro, a energia interna que se tem para atingir os objetivos é muito maior e a possibilidade de falhar fica praticamente inexistente.

Não estou falando para fazer apenas o que gosta a todo momento. Isso não é realidade e é impossível. Mas, se tiver um propósito, mesmo as coisas que não gosta tanto de fazer passam a ter um significado maior, e fica mais fácil realizar a tarefa logo, com excelência e sem procrastinar.

A maioria das empresas, se não todas, possui um propósito muito claro, traduzido em forma de missão. Esta é a razão de ser de uma empresa, a razão de ela existir, fazer negócios e produzir o tipo de bens que produz.

Então, sempre que estiver em uma empreitada ou construindo algo, pergunte-se qual o seu propósito com isso, aonde quer chegar e, mais importante, por quê.

Eu sempre gostei de ensinar e desenvolver outras pessoas. Isso é um dos meus propósitos mais fortes, portanto, tudo o que faço e construo permeia essa causa. Este livro é o exemplo mais claro e prático que você pode ter do meu propósito, já que me esforcei ao máximo e trabalhei nele por meses para que estivesse em suas mãos.

Sempre reflita sobre estes pontos:

- O que gosta de fazer no seu dia a dia?
- O que é bom fazendo?
- O que sempre sonhou em ser e fazer durante sua infância?
- Se fosse livre para fazer somente o que deseja fazer, o que seria?

Respondendo a essas perguntas terá um bom indicador do propósito de estar fazendo o que faz. E, se entender que sua trajetória está muito diferente do que quer como destino, encontre a melhor forma de mudar isso.

Hábito 6 — Seja disciplinado e ter uma agenda organizada

Abordei isso no capítulo de gestão de tempo e de vencer a procrastinação, e não quero ser repetitivo. Mas a importância desse tema faz com que eu fale dele novamente, para reforçar a necessidade de incluir isso em seus hábitos.

Quanto mais conquista e percebe que é possível, mais quer conquistar. Para que ter uma vida mediana, se é possível construir algo incrível e alcançar seus sonhos?

É impossível fazer isso sem disciplina e sem ter uma agenda organizada. As pessoas de alta performance planejam sua agenda sempre um dia antes, quebram seus dias em blocos de 15 minutos, preferencialmente, e não perdem tempo com nada.

Você já sabe, tempo é seu maior ativo.

Não fique jogando conversa fora a todo momento, desista daqueles cafés mais longos, tente se poupar de reuniões improdutivas. Cada segundo que deixa passar em seu dia sem ter um objetivo final em mente é tempo perdido e uma chance menor de chegar aonde tanto sonha.

Seja responsável com seus horários, não se atrase para seus compromissos. Se foi você quem organizou a agenda, seja sempre o primeiro a chegar, seja o exemplo, e isso afetará positivamente todos os aspectos da sua vida.

Hábito 7 — Faça networking

Até hoje é impossível fugir da famosa frase:

"Não é só quem sabe, mas quem conhece."

O mundo é movido por pessoas, e invariavelmente pessoas bem-sucedidas são mais bem conectadas; com isso, podem abrir portas que você dificilmente conseguiria abrir sozinho ou perderia muito tempo nesse processo.

Por isso, a importância de participar de eventos presenciais e "mostrar a cara". Não é só pelo conteúdo de uma palestra ou do que se aprende no workshop. É por quem conhece, com quais pessoas se conecta.

Muitas vezes, fui a seminários em que aprendi pouca coisa nova, mas fiz conexões incríveis que mais tarde me ajudaram a abrir alguma porta que não conseguiria e, consequentemente, impulsionar meus negócios.

Isso acontece muito em eventos para empreendedores e investidores. Às vezes, a pessoa ao seu lado pode conter uma oportunidade enorme para você, e se não se abrir e se esforçar para conhecer essa pessoa o momento passará em branco.

Eu sei que, como tudo, é difícil no começo, porém, com o tempo, pegará a prática. Não perca a oportunidade de fazer amigos e fazer conexões que podem render negócios.

Se possível, faça isso com pessoas que estão pelo menos um nível acima de você, e excelentes frutos serão colhidos.

Existe uma frase do Jim Rohn que reflete isso de forma brilhante: pessoas pobres deveriam levar pessoas ricas para jantar.

Por que isso? Não deveria ser o contrário?

Não!

Porque a experiência e o conhecimento que pode adquirir durante um jantar, com alguma pessoa que já fez o que você tanto sonha, não tem preço.

Lembra que falamos da necessidade do aprendizado não formal? É nesse momento em que ele também tem a sua importância.

Hábito 8 — Família

O conceito de família para mim é, de certa forma, parecido com o conceito de corpo.

De que adiantará acumular toda a riqueza ou sucesso do mundo se não puder compartilhar com a sua família ou com aqueles que ama?

O ser humano é um ser coletivo, um ser de afeto e nunca podemos nos esquecer disso.

Existe uma ótima frase para ilustrar essa questão: "Ele era tão pobre que tudo o que tinha era dinheiro."

Não caia nessa cilada. Por mais que dinheiro seja uma ferramenta extremamente importante para o seu futuro, ele é apenas isso, um instrumento. Não viva apenas para acumular dinheiro, para ter riqueza e bens materiais.

Se dedicar todo o seu tempo de vida a isso e deixar para trás as pessoas que mais gosta, eventualmente, no futuro, poderá não ter nada e ser muito infeliz.

Lembra-se da disciplina e organização com a agenda? Por que não tratar dessa forma a sua família e as pessoas de que gosta, para garantir que elas terão o espaço necessário em sua rotina para se sentirem amadas, para receberem a atenção necessária?

Dedique tempo a isso todos os dias, não priorize outras coisas no lugar e você terá uma vida mais plena, sem deixar para trás o que ama em função de algo material.

Hábito 9 — Viva um padrão abaixo

Falaremos sobre isso no capítulo sobre dinheiro. Contudo, essa característica é fundamental para que possa garantir o futuro que tanto sonha.

Quanto mais colocar em prática as lições que está aprendendo neste livro, mais conseguirá conquistar e, consequentemente, mais potencial de ganho terá.

Isso abrirá a possibilidade de subir constantemente o seu padrão de vida, mas os bem-sucedidos não fazem isso de imediato. Porque eles sabem que é mais importante garantir o sucesso e a riqueza no longo prazo e, no futuro, não se preocupar mais do que subir o padrão de vida momentaneamente.

Tome cuidado com essa programação em seu cérebro. Se você constantemente subir o seu padrão de vida, vai se acostumar com um novo padrão e terá que subir sempre para se sentir satisfeito.

Com certeza já percebeu que quando adquirimos algo novo, por exemplo, um relógio, ficamos felizes por meses ou anos, mas eventualmente nos acostumamos com ele e mais tarde queremos algo novo, um melhor, mais caro.

Isso acontece com todos os padrões de sua vida.

No entanto, se não subir constantemente o seu padrão de vida e sempre guardar uma parcela maior do que está ganhando para o seu futuro, invariavelmente será independente e terá garantido a qualidade de vida pelo tempo que for necessário.

Nunca esqueça essa regra: melhor manter o padrão de vida e garantir que terá a renda necessária eternamente do que aumentar seu padrão de vida constantemente e nunca conseguir se aposentar.

Combustível Cerebral

"Quanto mais desenvolve a si mesmo, mais desenvolve tudo o que está à sua volta."

Quando comento de aprendizado contínuo, sempre gosto de citar um pensamento que tinha e que, atualmente, faz com que me sinta um pouco envergonhado. Eu pensava que profissões como médicos, dentistas, advogados e outras correlatas eram as mais difíceis, porque esses profissionais precisavam sempre se atualizar, estudar novos conceitos, remédios; além disso, a ciência e a tecnologia avançam tão rápido que o que aprendem pode ficar rapidamente obsoleto.

Hoje, sinto vergonha desse pensamento absolutamente equivocado. A grande verdade é que, independente de qual seja a sua profissão e o seu trabalho, se realmente quer ser bem-sucedido, precisa se dedicar ao aprendizado contínuo, a constantemente aprender coisas novas, novos conceitos, novas formas de operar, novas tecnologias e sempre expandir o seu repertório.

A sua mente e o seu cérebro, como colocado na expressão no início deste capítulo, são seus maiores ativos, e se cuidar bem deles e desenvolvê-los de forma contínua terá uma vida plena e certamente obterá mais resultados.

O conceito parece simples demais e realmente é. O que é intrigante é que passamos a maior parte de nossas vidas sem pensar nisso. Posso dizê-lo por mim, porque foi isso que aconteceu. Passei grande parte da minha vida apenas focado em obter meu diploma, começar a trabalhar e pronto. Acreditava que isso bastava e que aprenderia o resto no dia a dia. Por mais que a experiência seja incrivelmente importante, o aprendizado contínuo é complementar e precisa ser praticado ao longo de nossas vidas.

Como ficar mais inteligente

Antes de nos aprofundarmos ainda mais nesse conceito, gostaria de abordar um mito que existe em nossa sociedade e que nada mais é do que uma crença que limita o potencial de muitas pessoas. Esse mito é que existem pessoas inteligentes e pessoas que não são tão inteligentes; que existem pessoas que nascem gênios e existem pessoas que têm mais dificuldades. Isso não poderia estar mais longe da verdade.

De acordo com a frase do próprio Einstein: "Eu não tenho nenhum talento especial. Sou apenas extremamente curioso."

Na maioria das vezes, a grande diferença entre as pessoas que sabem mais e as que sabem menos é a curiosidade em querer entender mais de diferentes coisas e a vontade de ir atrás e buscar conhecimento.

Isso significa que, não importa o que queira aprender, você é capaz, independente de já saber alguma coisa ou nada referente ao assunto. Você precisa se condicionar dessa maneira, condicionar sua mente para o aprendizado e estar confiante de que as coisas que estudar poderão ser aprendidas. Nunca duvide do seu potencial ou da possibilidade de aprender algo novo.

Aprender com objetivo

As pessoas mais bem-sucedidas são aquelas que empregam mais tempo para se desenvolver e, consequentemente, aumentar ainda mais a sua capacidade de ganhar dinheiro e alcançar um futuro próspero, já que entregam mais valor para o mercado.

Quanto mais desenvolve sua mente, mais capacidade tem de crescer — é uma simples regra matemática que lhe trará muitos dividendos no futuro.

Mas é preciso ficar atento. No mundo da informação em que vivemos hoje em dia, com fácil acesso a tudo por causa da internet, ficou mais difícil selecionar os conteúdos com que tem contato e que deseja aprender.

Se não tiver discernimento para escolher o que é mais importante em determinado momento, a chance de ficar perdido sem aprender qualquer coisa e, com isso, ter poucos resultados com as novas informações que obtéve é grande.

Então, quando for selecionar algo, sempre pense no seu resultado final:

- Aonde quer chegar?
- Qual seu objetivo a ser atingido em determinada situação?

Com isso em mente, poderá escolher quais conhecimentos e habilidades quer adquirir e quais são necessários para chegar aonde deseja.

Isso é uma mudança completa de mindset para a maioria das pessoas. Muitos deixam alguns conceitos passarem em branco e não implementam mudanças em suas vidas que podem alterar seu futuro. Se continuar fazendo exatamente as mesmas coisas que já vinha fazendo, colherá exatamente os mesmos resultados que já vinha colhendo. Não há milagres. Se quer fazer diferente, aprenda a fazer diferente e seja recompensado por isso.

Esse é o tamanho da importância de se dedicar ao aprendizado contínuo.

No coaching, nós abordamos muito os dois pontos da jornada de uma pessoa:

Ponto A: onde ela está hoje.

Ponto B: aonde ela quer chegar.

O espaço entre o ponto A e o ponto B é o que chamamos de *gap* ou buraco.

Essa é a trajetória que a pessoa precisa percorrer para chegar aonde deseja, podendo conter alguma barreira física ou psicológica, alguma limitação, falta de conhecimento etc.

No caso da falta de conhecimento é importante refletir:

Qual conhecimento específico preciso adquirir para chegar ao meu objetivo?

Depois disso, pense em outros fatores:

O que pode estar impedindo-o de realizar esse objetivo?

Como pode diminuir esse buraco entre o que tem hoje e o que tanto deseja?

Nunca se esqueça de que atingir os objetivos de sua vida e aprender e colocar o esforço que for necessário para isso é 100% sua responsabilidade e de mais ninguém. Se não estiver com esses conceitos totalmente frescos na cabeça, retorne ao Capítulo 1.

Mindset de aprendizado

Para resumir os pontos que falamos até agora, sugiro que tenha em mente alguns princípios importantes a respeito do aprendizado:

1. Você tem a capacidade de aprender tudo o que deseja.
2. Qualquer pessoa pode se tornar mais inteligente desde que deseje isso.
3. O aprendizado e o conhecimento estão relacionados ao valor que entrega ao mercado e, consequentemente, à sua remuneração.
4. Qualquer objetivo está ao seu alcance, se aprender a melhor forma de atingi-lo.

Nosso cérebro

Com certeza você já ouviu falar que utilizamos apenas uma parte pequena do nosso cérebro. Esse mito popular se espalhou por todo o mundo e até hoje grande parte da população global acredita que isso é verdade. Porém, realmente, é só um mito.

Estudos comprovaram através de *scanners* que, ao longo de um dia, um ser humano utiliza praticamente todo o seu cérebro, em maior e menor grau dependendo da região, inclusive quando está dormindo.

Ou seja, adeus às ideias de que os seres humanos teriam superpoderes ou seriam superdotados.

Mas a excelente notícia é que o cérebro pode ser desenvolvido, mesmo sendo utilizado por inteiro. Antes, é importante entender um pouco como é esse órgão tão poderoso, que mais se parece com um microcomputador.

O cérebro humano possui nada mais, nada menos do que 86 bilhões de neurônios.

Neurônios são as células nervosas responsáveis por conduzir o impulso elétrico entre elas, com o objetivo de processar as informações e todos os estímulos dentro do corpo humano.

Há ainda quem acredita que a inteligência das pessoas está relacionada à quantidade de neurônios que cada um possui. Este é outro mito que deve ser quebrado.

O que torna as pessoas mais inteligentes é o número de conexões entre os neurônios, já que todas nascem com a mesma quantidade dessas células.

Essas conexões são chamadas de sinapses. Quanto mais sinapses uma pessoa tem, em teoria, mais inteligente será.

Provavelmente está questionando-se agora: "O que eu preciso fazer então para criar novas sinapses em meu cérebro?"

Existem diversos estudos que apresentam métodos diferentes e a cada hora aparece uma tendência nova, porém, em praticamente todos eles, aparecem alguns critérios em comum:

- Aprender a tocar um instrumento musical.
- Viajar para novos lugares.
- Ter uma noite de sono de qualidade.
- Expandir o seu vocabulário.
- Aprender coisas novas.

Então, realmente, ler bastante e ter acesso a novos conteúdos está diretamente ligado às conexões que está fazendo em seu cérebro e, consequentemente, à forma como raciocina.

E esse não é o único benefício de aprender coisas novas.

A cada vez que aprende algo, independente de serem informações relacionadas à política, história, até coisas mundanas, aumenta o que chamamos de repertório, que nada mais é do que o composto geral de conhecimento que uma pessoa tem ao longo de sua vida.

O aumento contínuo do repertório na maioria das vezes faz com que as pessoas sejam mais criativas, não só para criar coisas novas como também para encontrar novos sentidos ou novas maneiras de enxergar e combinar coisas que já existem.

A criatividade nada mais é do que a conexão de conceitos que a princípio não pareciam se relacionar, mas que puderam ser combinados por causa de uma combinação diferente do repertório de alguém.

É por isso que constantemente se vê uma pessoa inovadora sendo mais inovadora e criando coisas novas a cada momento. Ela tem muita informação e, por isso, consegue conectar o conhecimento que tem de forma diferente, criando novas estruturas e novos padrões que não seriam convencionais às pessoas sem o mesmo repertório.

Também é muito comum as pessoas dividirem o cérebro em dois hemisférios: direito e esquerdo.

O cérebro esquerdo é linear e lógico. Já o direito, criativo e emocional.

As pessoas que são mais lineares preferem ver as coisas em partes menores para estruturar a sua linha de raciocínio. Já os criativos, gostam de ter uma visão geral, do todo.

Por esse motivo falamos que engenheiros costumam utilizar mais o lado esquerdo do cérebro e publicitários, mais o lado direito.

O mais interessante é como esses hemisférios se comportam dependendo do que está fazendo. Todas as pessoas têm a tendência de utilizar um lado mais do que o outro.

Atualmente, o ensino formal (em escolas, faculdades etc.) está formatado para utilizar mais o lado esquerdo do cérebro dos alunos, através de estruturas de aulas e demonstrações lineares. Não é à toa que os alunos costumam ter dificuldades em ser criativos quando começam a sua vida profissional.

Uma coisa muito bacana que aprendi é que a música conecta os dois hemisférios do cérebro, sendo que o esquerdo fica atento às palavras e o direito, à melodia. Com isso, é como se ele ficasse otimizado, e você aproveita todo o seu potencial.

Costumo sempre contar que estudo, leio e trabalho ouvindo algum tipo de música calma ou clássica. E é exatamente por esse fator que consigo fluir melhor as ideias e a fadiga mental demora mais a aparecer.

Música é como um energético natural para o cérebro! Se ainda não teve a oportunidade, tente utilizar essa técnica enquanto trabalha para ver os excelentes resultados.

Exercite-se mentalmente

Outro ponto que afeta o seu aprendizado são as suas emoções. Quando está preocupado ou estressado com algo, seu cérebro fica agitado e retém menos informação. Por isso, as crianças aprendem tanto e o dia inteiro, porque não estão estressadas, divertem-se enquanto aprendem e são verdadeiras esponjas de conhecimento.

Sempre esteja descansado mentalmente para aprender algo novo e procure não ter nenhuma ansiedade para não afetar seu rendimento.

De agora em diante, tenha sempre em mente que você pode, sim, ficar mais inteligente conforme exercita seu cérebro. Ele age como um músculo, assim como os outros músculos do seu corpo. E, com o tempo, vai pegar cada vez mais gosto por isso.

Outra técnica muito interessante e que gosto de utilizar é a do aprendizado duplo. Nela você ensina à outra pessoa alguma coisa que acabou de aprender.

Quando aprende algo novo, retém um percentual do que aprendeu. Mas ensinando à outra pessoa você retém mais enquanto fala e acaba tendo novos insights, pois utiliza sentidos que antes não estava utilizando, como a fala ou tato.

Outro fator fundamental para o seu aprendizado contínuo e desenvolvimento de longo prazo é a memória. Sem ela, perderá os novos conteúdos que está aprendendo.

A boa notícia é que, conforme já falamos, a memória também age como um músculo e pode ser desenvolvida ao longo do tempo, ficando cada vez mais forte.

182 *Alta Performance & Impacto*

É até assustador, mas 72% do que se aprende, infelizmente, é esquecido. É bem difícil reter muitos conteúdos novos de uma vez sem utilizar algumas técnicas específicas para isso.

A memória é dividida em duas: de curto e longo prazo.

Para transformar uma informação em conhecimento, precisa transferir essa informação da memória de curto prazo para a de longo. E para fazer essa migração não há outra forma se não a repetição.

Daí a famosa frase: a repetição é a mãe de todo o aprendizado.

Se precisa repetir as informações para aprender coisas novas, não basta ler um livro importante para seu desenvolvimento somente uma vez, assistir às palestras sem anotar nada e reler e assim por diante.

Outra técnica bacana de se utilizar para expandir o seu aprendizado são os mapas mentais ou mapas teia de aranha. Neles você coloca o assunto central que está aprendendo em um círculo e a partir dele você cria diversos outros, com temas que têm conexão com o tema central e que remetam a um mesmo assunto.

Abaixo, coloquei o exemplo do mapa mental que utilizo no meu curso online Pilares do Sucesso, para que você possa entender o modelo e como ele funciona:

Combustível Cerebral 183

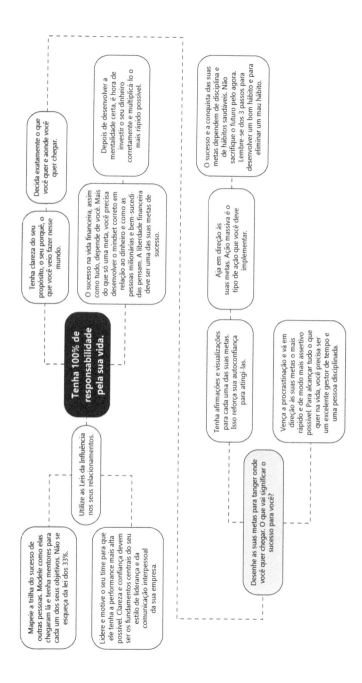

Já deve estar mais do que claro como é importante se dedicar ao aprendizado e quantos benefícios isso lhe pode trazer.

Quero que dê uma chance a esse conceito e comece a implementar para si mesmo essas mudanças.

Mudança de comportamento

Inicie desde agora a sua biblioteca pessoal, entenda quais cursos gostaria de fazer, se são online ou presenciais, e separe o seu orçamento para isso. Procure por palestras, seminários, grupos de estudo, de discussão de livros, o que lhe der oportunidade de criar novas conexões cerebrais. Garanto-lhe que isso não tem preço, e os benefícios que colherá são gigantescos.

Agora, o que entendo como sendo a dica das dicas para quem quer se dedicar ao aprendizado contínuo. Algo que revolucionou a minha vida e fez com que eu ganhasse um tempo e um conhecimento que eu considerava inviável e com muita praticidade e agilidade.

Se implementar isto, sentirá a diferença em meses. Isso mesmo, em meses! Acredite!

Está pronto?

Transforme o seu carro em uma universidade sobre rodas.

É simples, mas é transformador.

Reflita comigo: quanto tempo você gasta em média se deslocando de um lugar para o outro em seu carro, ônibus, Uber, o que quer que seja, durante o seu dia?

E durante a semana? E durante o mês?

Faça as contas.

Se pegarmos um trajeto médio de um brasileiro, eu diria que, no mínimo, são 30 minutos para ir ao trabalho e 30 minutos para voltar. Isso sem considerar qualquer trajeto no meio do caminho.

Isso corresponde a uma hora por dia; cinco horas por semana, para quem não trabalha de sábado; e vinte e duas horas por mês.

E se substituísse a música ou o jornal que ouve diariamente em seu carro pelo hábito de ouvir uma palestra ou um audiolivro?

Um livro que teria entre 250 e 300 páginas tem de nove a dez horas de áudio. Isso significa que, se cumprir essa rotina, em um mês, somente em seu carro, terá ouvido dois livros.

Esse é o segredo que pessoas muito bem-sucedidas utilizam para "ler" até dez livros por mês.

No início eu não conseguia ler nem um livro por mês; agora, somente em meu carro, consigo ouvir cinco livros ao mês.

Acha que vale a pena o investimento desse tempo, que já gasta se locomovendo, para se desenvolver ainda mais e investir em seu futuro?

De acordo com a Universidade do Sul da Califórnia, um adulto pode receber o equivalente a uma nova faculdade se, constantemente, ouvir a programas de áudio educativos em seu carro, como livros e palestras.

Note o potencial de aprendizado dessa prática. E o melhor, sem precisar investir nenhum segundo adicional da sua vida, apenas aproveitando os tempos livres que já tem!

Se realmente estiver convencido de que o aprendizado contínuo é o caminho a ser seguido para quem deseja ser bem-sucedido, acredito que você tenha comprado essa ideia.

Então, o que acha de começar esse novo hábito agora?

Para realmente chegar aonde deseja, precisa assumir a responsabilidade pelo seu autodesenvolvimento e sua performance. Isso não é responsabilidade de ninguém, se não de você mesmo. Não pense que é da sua empresa, dos seus pais ou de qualquer outra pessoa. O dever de se desenvolver e ir atrás do que sonha é seu. Não perca nem mais um segundo pensando diferente disso.

O futuro pertence às pessoas competentes, que querem fazer diferente, que têm fome de conhecimento e de colocar as coisas em prática.

E você está a um passo de iniciar essa rotina para si mesmo!

Se preferir, em vez de escrever no livro, preparei um e-book para ser preenchido com os exercícios deste capítulo. Acesse: **www.pauloibri.com.br/livro** e coloque seu e-mail para fazer download do material. Este conteúdo também encontra-se disponível em: **altabooks.com.br** (busque pelo título do livro).

Mentoria e Modelagem

"Um mentor puxa você até o limite e desenvolve um potencial que você nem imaginava que existia."

Agora que o sucesso e a alta performance estão sendo desmistificados, acredito que você já tenha percebido que é muito mais questão de seguir um padrão, uma fórmula e certos comportamentos do que ter nascido com algum tipo de sorte, dom ou depender apenas da herança de outra pessoa.

Tudo está absolutamente ao seu alcance, se assim desejar e fizer por merecer. Essa é a regra mais justa e clara que existe no Universo.

Assim como os bem-sucedidos possuem hábitos em comum e os seguem à risca — desenvolveram uma mentalidade de aprendizado para estarem sempre atualizados do que acontece no mundo e o que podem fazer diferente —, eles também têm outra coisa em comum.

Aprendi isso depois de já ter percorrido um bom caminho na minha jornada e percebi novamente como um padrão entre as pessoas bem-sucedidas: o fato de elas terem mentores, apoiarem-se neles para seu crescimento e cortarem caminho em suas empreitadas e seus desafios através desse tipo de pessoa.

Compre tempo

Os mentores são a melhor e mais eficaz forma de se comprar tempo, pois, se escolhidos corretamente, já passaram pelo que deseja passar, já fizeram o que quer fazer, já erraram, já aprenderam, já cresceram e já acertaram e podem transmitir com facilidade essa experiência, economizando anos da sua vida e provavelmente muito dinheiro em erros e acertos.

Mentores são uma das melhores armas que você pode ter durante essa sua batalha para obter sucesso e o pico de performance.

Observe como o padrão é claramente reconhecido:

Mark Zuckerberg, fundador do Facebook, teve como mentor Steve Jobs, fundador da Apple.

Albert Einstein, um dos maiores gênios de todos os tempos, teve Max Telmey, um médico, como mentor.

Bill Gates, fundador da Microsoft, teve ninguém menos que Warren Buffet, muitas vezes o homem mais rico do mundo e o maior investidor da história, como mentor.

Alexandre, o Grande, um dos maiores conquistadores da história, teve como mentor Aristóteles.

Por sua vez, Aristóteles teve como mentor Platão. E Platão teve como mentor Sócrates.

Afinal, como são os mentores?

Agora, você pode estar pensando: "Sim, mas essas pessoas de sucesso tinham acesso a outras pessoas de sucesso que já estavam no auge, e por isso foi mais simples encontrar mentores com muita qualidade." E é verdade.

Claro que estar nesse meio e ter acesso a esse tipo de pessoa facilita as coisas. É por isso que lhe digo desde agora que achar um mentor de qualidade não será fácil. Assim como a maioria das coisas que trazem muito resultado na vida, exigirá muito trabalho, esforço e perseverança.

Isso porque as pessoas que já atingiram o que você quer atingir, na maioria das vezes, não têm tempo para mentorar alguém, ou não têm interesse, ou têm acesso restrito pela quantidade de pessoas que já as procura.

Mas você, assim como eu fiz, não está disposto a desistir de nada, correto? Então, vou dar-lhe algumas dicas que fazem extrema diferença na hora de procurar e conquistar novos mentores e que poderá usar para facilitar a sua jornada.

Não caia no mito de que um mentor não vai tirar você da zona de conforto. Mentores bons são pessoas ocupadas, bem-sucedidas, não são professores.

O trabalho deles não é ensiná-lo da melhor forma possível. É dizer o que pensam e como se comportam, e a sua missão é absorver todo esse conhecimento da melhor forma possível. Estas não são pessoas que vão sentar com você em um sofá e apenas lhe contar algumas histórias. Apesar dessa realidade, estes são os melhores professores da vida.

Com certeza você já ouviu falar no quanto Bill Gates ou Steve Jobs eram duros em seu trabalho com seus subordinados e pessoas de sua equipe, a ponto de muitos pedirem demissão ou chorarem em salas de reunião. Muitas pessoas que têm conquistas fora do padrão podem se comportar de forma um pouco mais excêntrica, porém, aqueles que aguentam as dificuldades deixam claro que o aprendizado que tiveram não tem preço, até porque um aprendizado como esse, de vivência prática, não está disponível em nenhum outro lugar.

Outro ponto para ficar atento é que não existem mentores certos e mentores errados. Existem mentores que, em uma escala de 0 a 10, terão mais sinergia com o que quer. O julgamento de saber se está com a pessoa correta para o seu desenvolvimento é 100% seu, a escolha é sua.

O que faz um mentor?

Ele lhe indica os melhores caminhos de acordo com os seus desafios, abre as melhores portas no mercado, ajuda a fazer os melhores contatos, economizando anos da sua vida.

Então, para ter acesso às pessoas que mais podem lhe ajudar, prepare-se para procurar mentores por 12 a 18 meses. Você dificilmente conseguirá um excelente mentor de um momento para o outro — o processo é demorado. No entanto, com o tempo, tem a oportunidade de construir um relacionamento consistente com alguém de alto interesse para você.

Dicas de acesso

Ao longo do tempo, entendi e compilei diferentes estratégias para me aproximar desse tipo de pessoas, que funcionaram para mim e podem ajudá-lo muito nessa trajetória.

Seguem algumas delas, que são simples de utilizar:

1. Entenda do que a pessoa que você quer se aproximar gosta. Quais são seus gostos pessoais, hobbies? Que tipo de presente pode enviar a essa pessoa, que a faria lembrar-se de você e a que não tem acesso facilmente? Algo diferente que pode fornecer para marcar seu nome?

   Conseguiria enviar alguma carta a essa pessoa, de forma genuína e verdadeira, em que sua mensagem e suas palavras ficassem guardadas em sua cabeça para ela se interessar em ajudá-lo?

2. Há alguma coisa que possa entregar a esse possível mentor, que saiba fazer com excelência e que possa ajudá-lo, mesmo que não cobre por isso?

   Você poderia agregar valor à empresa desse mentor de graça para ganhar um pouco de sua atenção?

3. Esse mentor possui algum livro? Algum programa de treinamento? Curso online? Qualquer tipo de produto que possa comprar para entender melhor o que ele faz e como ele se propõe a ajudar os outros? Se sim, compre tudo o que estiver ao seu alcance e tente entrar em contato com essa pessoa. Se não valoriza o que essa pessoa constrói e prega, por que ela perderia tempo para ser sua mentora?

4. Esteja disposto a pagar o preço. Tanto em tempo como em dinheiro, alguns mentores vão exigir algum tipo de sacrifício, mas, se forem bem escolhidos, vale a pena.

   Você pode estar se perguntando: o mentor não era para economizar tempo e dinheiro? Sim, porém, no longo prazo. Como todo investimento, você deve estar disposto a plantar agora para colher os frutos no futuro; nada é de graça, sobretudo os investimentos com maior tipo de retorno.

Tenha sempre em mente que o ideal é ter de três a cinco mentores diferentes, de acordo com momentos e objetivos diferentes que tem em sua vida.

Aprenda de diferentes formas

Outra coisa muito bacana que aprendi ao longo do tempo junto a mentores é que o tempo que se passa com eles não vale a pena somente para o que eles ensinam através de experiências e conselhos.

Note que praticamente todos os animais estão acostumados a aprender através da convivência, da observação, do tempo que passam juntos. É altamente difundido que 70% da linguagem de uma pessoa é não verbal, comunicada através do corpo, dos gestos, movimentos e tudo relacionado à observação do interlocutor.

Portanto, quando estiver convivendo com um mentor, tanto no seu local de trabalho como em seu local de prazer, pode observar como ele se comporta, qual sua postura, como gesticula, que tipos de palavras usa, qual o modo como se veste. Esse aprendizado só é possível estando com uma pessoa ao vivo, cara a cara.

Relembrando a frase de Jim Rohn, que foi um dos maiores palestrantes motivacionais do mundo e mentor de Tony Robbins, que diz: "Pessoas pobres deveriam levar pessoas ricas para jantar."

Dinheiro deve ser investido no seu autodesenvolvimento, em estar perto de pessoas que possam tanto fazer a diferença em seu mindset como impulsionar o seu sucesso de uma forma que nada mais poderia.

Esse é o grande poder dos mentores, que nenhuma outra ferramenta que não seja um ser humano pode entregar.

A regra para a escolha de um mentor é: alguém que já tenha alcançado, ou esteja muito próximo de alcançar, aquilo que deseja — por exemplo, construir uma startup e vendê-la a uma multinacional.

Esse mentor deve ter entre 10 e 20 anos a mais que você, para que seja possível utilizar das mesmas estratégias que ele já utilizou.

Estar rodeado desse tipo de pessoas não tem preço. Como eu disse, elas começam a puxá-lo para o topo, como um imã, sem que você nem ao menos perceba; quando percebe, já está atingindo um nível de sucesso que nem imaginava ser possível.

Este sim é o conceito de networking sendo utilizado com total eficácia, estar somente rodeado de pessoas boas e bem-sucedidas, das quais pode usufruir de modo positivo e, através delas, melhorar sua condição de vida.

A lei do um terço

Por falar em networking, existe outro conceito extremamente poderoso para o ajudar em suas conexões e organizar bem os seus contatos, que é a lei do um terço.

Esta lei existe para que possamos nos monitorar no que diz respeito aos nossos relacionamentos, e eu explicarei o porquê.

Como seres humanos, temos dificuldades de sair da zona de conforto. Sendo assim, é muito mais simples mantermos relacionamento somente com pessoas de nosso nível, com empregos parecidos, renda parecida, mentalidade parecida. Esta é a fração mais fácil de nossa vida; em geral, são os nossos amigos e colegas com que convivemos, estudamos juntos e nossa família.

Vamos chamar essa fração de um terço intermediário.

Agora, o que a maioria das pessoas não faz: relacionar-se com os outros dois terços.

O primeiro deles é o que chamo de um terço inferior. Este é o terço que está abaixo de você, as pessoas que ainda precisam crescer, desenvolver-se e aprender para chegar aonde já está. Para essas pessoas, você é um possível mentor.

Assim como quer conquistar mentores que estejam acima do seu nível, esteja aberto para ensinar outras pessoas, para puxá-las também para o nível acima, para ser corresponsável pelo seu sucesso.

Este é o terço que alimenta o seu espírito e que faz com que tenha ações altruístas ao longo da sua vida.

O último terço, o que chamo de um terço superior, é o mais poderoso no que diz respeito à possibilidade de atingir o sucesso e o seu pico de performance.

Este terço é exatamente o que estávamos falando sobre mentores e pessoas que já atingiram o sucesso. São pessoas que estão acima de você, já passaram pelo que quer passar e podem ensinar-lhe muito com isso.

O mais interessante desse conceito não é só a nomenclatura, mas a organização em termos de tempo que traz junto com ele.

Como estamos acostumados a ficar com pessoas que conhecemos, que estão em patamares parecidos com os nossos, passamos quase todo nosso tempo com o terço intermediário, do nosso nível.

É com esse terço que temos nossos programas de lazer, que vamos ao cinema, bares, restaurantes e conversamos.

Isso faz com que as pessoas não saiam de sua zona de conforto, porque não se desafiam, e com isso não aprendem nada de novo durante o seu tempo de lazer.

Os outros dois terços fazem exatamente o oposto: tiram você da zona de conforto e o fazem aprender; seja com o superior, observando, seja com o inferior, ensinando.

Então, de agora em diante, a sua rotina precisa ser organizada de acordo com o tempo que passa com esses terços e deve ser dividida de forma igualitária, de maneira que você passe um terço do seu tempo com o intermediário, um terço do com inferior e um terço com o superior.

Essa é uma medida extremamente simples para a organização da sua vida que, entretanto, traz excelentes resultados para o todo e para o seu mindset.

Aprenda a ouvir

Assim que conseguir implementar essa medida, perceberá que precisará de outro comportamento que não é muito comum à maioria das pessoas: ser um bom ouvinte.

Quase todo mundo está mais preocupado em falar do que ouvir, em contar seus próprios problemas, dificuldades e indagações. Porém, caso faça isso, estará perdendo a oportunidade de aprender coisas novas com outras pessoas e relacionar o que elas já sabem com o que você já sabe para construir algo novo.

De acordo com o filósofo Epiteto: "Deus nos deu duas orelhas e uma boca para que pudéssemos ouvir o dobro do que falamos."

Perceba que as pessoas que são mais reconhecidas como excelentes por seu relacionamento estão muito mais acostumadas a ouvir do que a falar, porque elas querem aprender algo novo. Uma vez, ouvi de um dos meus mentores em um evento: "Já sei o que eu sei, eu quero aprender o que os outros sabem e isso só farei escutando." Isso mudou a forma como eu me relacionava com todas as pessoas em todas as ocasiões.

Esse é o poder da convivência, de se relacionar com pessoas incríveis e de aprender com os outros em qualquer tipo de conversa, qualquer tipo de interação. Nunca deixe essa oportunidade passar sem que a aproveite ao máximo.

Mentores são uma das ferramentas mais poderosas e, mesmo assim, menos utilizadas pelas pessoas que desejam chegar ao topo — não cometa o mesmo erro.

Tenho certeza de que, implementando isso em sua vida, conseguirá cortar um longo caminho e aproveitará muito melhor os recursos que tem à sua disposição.

Dinheiro Cresce em Árvores

"Não existe falta de dinheiro no mundo, existe falta de boas ideias."

A primeira coisa que quero que tire da sua frente é a crença limitante de que acumular dinheiro ou até ser milionário é uma coisa difícil, porque lhe mostrarei aqui que não é!

Mas você precisa acreditar, porque se não acreditar será impossível. Sempre que estiver perto, sabotará o seu caminho e arrumará um jeito de regredir. Então, novamente, acredite! Se plantar em sua mente essa semente de que é possível, nada o poderá impedir.

A verdade é que a maioria das pessoas, infelizmente, tem preconceito com o dinheiro. De alguma forma, essa incrível ferramenta é relacionada a algo mau, egoísmo, corrupção, riqueza em seu sentido pejorativo.

Isso não faz nenhum sentido e essa é a primeira crença que devemos derrubar se quisermos seguir adiante e acumular toda a riqueza que merecemos.

O dinheiro nada mais é do que uma ferramenta. Como colocado no começo deste livro, uma ferramenta que intensificará a pessoa que você já é. Se é uma pessoa boa, será uma pessoa melhor; se é uma pessoa ruim, será uma pessoa pior.

Existem pessoas boas e ruins no mundo, logo, depende por quem o dinheiro é acumulado para que ele seja visto de forma positiva ou negativa.

Como é uma pessoa que está lendo este livro por completo, sei que quer o melhor para as pessoas que ama e para o mundo, portanto, o dinheiro é uma ferramenta que necessitará em sua vida.

Não existe glamour nenhum em não ter dinheiro, em viver apenas com o que precisa ou abaixo de suas necessidades, passar dificuldade ou não poder aproveitar a vida por completo não tem nada de especial, livre-se dessa crença de uma vez por todas.

Todas as pessoas merecem ter dinheiro, curtir os momentos que têm vontade, ter a liberdade que somente o dinheiro propiciará.

Estou dizendo que o dinheiro é tudo na vida?

Definitivamente não!

Mas é uma poderosa ferramenta que, se utilizada corretamente, poderá inclusive intensificar o seu propósito.

Pense em todas as coisas que o dinheiro poderá proporcionar a você e sua família, às pessoas que ama, às pessoas que passam dificuldades e o quanto pode se sentir realizado se for o protagonista dessas melhoras.

Quando o mindset muda e se passa a enxergar o dinheiro de uma forma benéfica para a sua vida e a dos outros, fica mais fácil de o acumular, de trabalhar duro por ele e fazer por merecer.

Com esse mindset, vira quase uma obrigação de cada pessoa acumular dinheiro e ter uma vida próspera para garantir conforto àqueles que ama.

Se ainda não está convencido, veja por este lado: muitas das pessoas que já foram consideradas as pessoas mais ricas do mundo também já fizeram as maiores doações do mundo. Então, observando dessa forma, o dinheiro traz altruísmo e possibilita não só a aquisição de bens, mas a doação para milhares de pessoas que necessitam mais do que você.

Separei aqui alguns exemplos de ações filantrópicas para despertar esse mindset:

- Dietmar Hopp: Cofundador e ex-chairman e CEO da SAP (empresa de tecnologia) — 1 bilhão de dólares.

- Pierre Omidyar: Cofundador do E-Bay (site de e-commerce norte-americano) — 1 bilhão de dólares.

- Michael Dell: Fundador e CEO da Dell Computers (empresa norte-americana de computadores e notebooks) — 1,1 bilhão de dólares.

- Mark Zuckerberg: Fundador e CEO do Facebook — 1,6 bilhão de dólares.

- Gordon Moore: Cofundador da Intel — 5 bilhões de dólares.

- Warren Buffet: Chairman e CEO da Berkshire Hathaway e muitas vezes intitulado o homem mais rico do mundo — 21,5 bilhões de dólares.

E o maior doador da história deste planeta, Bill Gates, doando nada menos do que 27 bilhões de dólares até agora através da Bill & Melinda Gates Foundation.

Percebeu o padrão?

Dentre os maiores doadores e que mais impactaram o mundo estão empresários e empreendedores de sucesso absoluto que, ao acumular um altíssimo índice de riqueza, resolveram fazer a diferença no mundo e doar parte dela, ajudando mais pessoas sozinhos do que qualquer tipo de governo ou instituição.

Isso mais do que comprova que o dinheiro é exatamente uma ferramenta que pode muito bem ser utilizada para o bem se as pessoas forem bem-intencionadas.

Agora pergunto: qual o nível da sua vontade para acumular o máximo de dinheiro que conseguir e, com isso, impactar a vida das pessoas que ama e de outras pessoas no nosso mundo?

Sim, nós podemos fazer a diferença, mas, como tudo, depende de nós, e o dinheiro será um veículo para isso. Contudo, antes disso, você precisa ter a sua vida financeira 100% sob controle.

Uma coisa muito interessante que percebi, mesmo que seja óbvia, é que os milionários pensam de uma forma diferente, caso contrário eles não teriam os resultados que tiveram em suas vidas. Isso é uma questão de mindset, não dom.

Sempre fui atraído pelo tema dinheiro, em entender por que algumas pessoas conseguiam acumular tanto e outras tão pouco.

Acredito que as pessoas devem ao menos ter uma simples meta: ser financeiramente independente. Essa é uma meta totalmente atingível para todos, ainda mais agora que já aprendeu a desenhar metas de forma 100% eficaz.

O que é financeiramente independente?

É quando consegue viver do rendimento dos seus próprios recursos. Esta é uma meta válida quando tem investimentos suficientes para viver tranquilamente com tudo o que já conquistou. Aí você tem a sua liberdade, pode fazer o que quiser, apoiar o projeto que desejar e traçar o caminho que tiver vontade.

O trabalho não é mais necessário como uma fonte de geração de renda, apenas para cumprimento de propósito.

O primeiro passo é desenvolver certa mentalidade *workaholic* (de quem gosta de trabalhar muito).

Sim, não existem atalhos. Será preciso colocar esforço e fazer por merecer para conquistar o que deseja.

Mesmo as pessoas que pregam diferente, de trabalhar menos horas por semana ou somente de casa pela internet, já tiveram momentos mais intensos de trabalho.

Essa maneira de trabalhar fica mais fácil a partir do momento em que gosta do que faz. De qualquer modo, o esforço será recompensado no futuro com a sua liberdade.

O conceito é relativamente simples: se trabalhar mais do que a maioria das pessoas está acostumada a trabalhar e entregar mais resultados, ganhará mais e entregará mais valor para o mercado. É uma regra matemática.

Com o tempo e se aperfeiçoando em suas atividades, encontrará formas de trabalhar menos, de maneira mais eficaz, e encontrará novos jeitos de ganhar dinheiro simultaneamente. Aí sim está a virado do jogo.

Entretanto, não vamos nos apressar. Quero que entenda a primeira grande diferença entre os que atingem os milhões e os que vivem modestamente. A diferença é a seguinte: as pessoas comuns estão pensando constantemente em poupar dinheiro, utilizar cupons de desconto, economizar alguns reais estocando produtos em casa ou fazendo programas mais baratos.

Veja, não estou dizendo que economizar dinheiro não é importante, porque é, e muito, mas não é a hora de falarmos disso. É hora de falarmos no que está o foco das pessoas bem-sucedidas. Em vez de gastar energia pensando em poupar, elas gastam energia pensando em aumentar a sua renda, em ganhar mais dinheiro.

Quando pensa no conceito, é simples. De que adianta ter uma entrada pequena em seu caixa e economizar um percentual disso se esse percentual for para sempre pequeno?

A diferença está no mindset.

A maioria das pessoas se movimenta pela insegurança no futuro e por isso coloca todo o seu foco em guardar o pouco dinheiro que tem. Já os milionários entendem a importância de guardar dinheiro e investir, mas focam grande parte do seu tempo em servir outras pessoas e resolver problemas comuns, capitalizando suas ideias e ganhando dinheiro com isso.

Isso não acontece em 90% dos seres humanos porque o medo de perder e falhar é muito maior do que a vontade de arriscar algo para ter um prazer maior e atingir os sonhos no futuro. É um sentimento natural, o medo da perda é sempre maior, porque implica em sofrimento.

Por isso, quem está disposto a arriscar um pouco em prol de atingir aquilo que sempre sonhou, de atingir o sucesso ao seu modo, muitas vezes consegue. Pode não ser na primeira vez, pode não ser na segunda, mas eventualmente acontecerá. Essas pessoas se condicionaram mentalmente a não ter tanto medo do fracasso e a dar um peso maior ao prazer e à esperança do que pode ser.

Então, como primeiro passo para sua liberdade financeira, você precisa aumentar a entrada de dinheiro em sua conta, só então o percentual que poupa poderá fazer diferença em sua vida.

Não faz sentido?

Então, concentre suas energias em aumentar a sua receita. Como pode ganhar mais dinheiro? Quais outras oportunidades existem com as qualidades que já possui para ganhar dinheiro? Pense nisso.

Pode vender coisas usadas?

Trabalhar durante a semana e fazer algum *freelance* aos fins de semana?

Consegue prestar algum tipo de consultoria nas horas vagas?

Pode vender coisas pela internet?

O que mais está dentro do seu leque de competências que poderia dar-lhe alguma renda adicional sem que dependa somente do seu trabalho?

Isso mudará a sua realidade financeira. Quando comecei a implementar isso em minha vida, meu rendimento aumentou consideravelmente, principalmente depois que virei empreendedor.

Eu também dependia, no começo, apenas da renda do meu trabalho "9 por 5" e percebi o quanto isso poderia prejudicar-me. Além de ter o risco de depender somente de uma fonte de renda, o montante que guardava não era suficiente para acumular tudo o que desejava.

Não importa a porcentagem que consegue guardar no início; se o montante que recebe é pequeno, será sempre insuficiente.

Esse foi um dos grandes pontos de virada da minha vida financeira e pode ser o seu também.

O segundo grande ponto de virada da minha vida, relacionado ao meu mindset financeiro, foi perceber que as pessoas comuns pensam em dinheiro de forma linear, enquanto os milionários pensam em dinheiro de forma não linear.

Por mais simples que seja, quando reflete a respeito, é brilhante.

Explicando resumidamente, as pessoas trocam tempo por dinheiro — já parou para pensar nisso?

Isso só cria a crença de que o ganho do dinheiro está 100% atrelado ao tempo, ou seja, ele acontece de forma linear. Em consequência, para uma pessoa ganhar mais dinheiro, ela precisa trabalhar mais horas, com exceção de pequenos aumentos ou possíveis bônus. Com isso, você limita o seu potencial de ganho, de renda e da sua riqueza.

Os milionários desenvolvem soluções para problemas que podem impactar milhares de pessoas simultaneamente, independentemente da quantidade de horas que trabalham e, com isso, multiplicam a sua riqueza de forma não linear, mas exponencial.

É por esse motivo que os bem-sucedidos gastam a sua energia sempre procurando novas formas de ficarem mais ricos todo dia e, além disso, ajudam um maior número de pessoas a encontrar soluções para problemas que têm.

Fazendo uma comparação simples, você percebe que isso nada mais é do que empreendedorismo da forma mais simples e pura. Criar soluções para problemas das pessoas, colocar no mercado para que milhares consumam e fiquem felizes com o seu produto. A grande sacada é que se mil pessoas comprarem seu produto, ou se um milhão de pessoas comprarem seu produto, o esforço é praticamente o mesmo, ele aumenta de forma marginal, enquanto seu rendimento aumenta de forma exponencial.

Posso dizer isso claramente pela minha própria experiência como empreendedor. Ao vender um produto da minha empresa ou um curso online, estou resolvendo o problema das pessoas, ajudando-as a encontrar soluções efetivas e multiplicando minha renda de forma exponencial.

Falando nisso, não é o que este livro está fazendo exatamente agora? Com ele, consigo impactar milhares de pessoas e, independente de quantas pessoas o comprem, meu esforço em relação ao tempo não muda.

Isso me leva a outro ponto fundamental no diz respeito ao dinheiro e à riqueza.

As pessoas comuns acreditam que o único jeito de se chegar à riqueza é através de trabalho duro.

Mas posso dizer que isso é um mito popular.

Já citei, é claro, que deve colocar esforço em tudo o que faz e que deve desenvolver uma mentalidade *workaholic*. Porém, por mais esforçado e focado que seja, seu dia tem um limite de 24 horas e a sua saúde tem limite também; você não pode trabalhar todo dia incansavelmente.

Então, assim como os bem-sucedidos, o ideal é que utilize sempre o conceito de alavancagem.

O que é alavancagem?

É utilizar algum veículo, ferramenta ou estratégia, através de outras pessoas, que impulsionem de forma mais acelerada as suas ideias, seu negócio e seus investimentos.

Você pode se alavancar de várias formas, mas, entre elas, essas são as duas mais famosas:

1. Uma que chamamos comumente no empreendedorismo de OPM (Other People's Money) ou, em português, o dinheiro de outras pessoas, que significa pegar empréstimos ou investimentos, por exemplo, de investidores-anjo ou de fundos, para colocar seu negócio para funcionar, acelerar a operação já existente ou torná-la mais rentável.

2. A outra que chamamos de OPT (Other People's Time), que significa em português o tempo de outras pessoas. Podemos utilizar isso a nosso favor através de pessoas que sabem mais do que nós, como mentores, empreendedores de sucesso, pessoas que podem nos ajudar a conquistar resultados e fazer importantes redes de relacionamento, equipes desenvolvidas e até sócios bem preparados e que complementem as suas características para dar mais velocidade à sua empresa.

Uma crença sobre a qual já conversamos muito a respeito ao longo deste livro é a de que ser bem-sucedido ou milionário é uma questão de sorte, que aconteceu por alguém já estar destinado a isso, um benefício para poucos.

Essa é uma crença limitante que se ainda não quebrou ao longo dessa leitura está na hora de fazê-lo. Se não acredita desde já que é possível, que pode chegar aonde tanto sonhou, não alcançará os seus objetivos. Não esqueça nunca que as limitações estão somente dentro da sua mente e não dentro das suas capacidades. O que você conceber dentro da sua mente e acreditar fielmente que pode acontecer, conseguirá, basta colocar o esforço e a energia necessária.

As pessoas que alcançaram o topo quebraram essa crença limitante desde cedo, tinham a convicção de que acumular a riqueza que sempre quiseram e atingir o sucesso era um direito de todos e não de poucos. Não faz sentido o Universo ser tão seletivo a ponto de não poder reconhecer o máximo possível de pessoas pelos seus esforços.

Essas pessoas sabem que o mundo capitalista em que vivemos hoje possui diversas oportunidades e que quem quiser pode se aproveitar desses benefícios, entregando algo de volta para a sociedade, algo de valor para outras pessoas e que resolva grandes problemas.

Novamente, é uma questão de foco na coisa certa, o que infelizmente a maioria das pessoas não tem, pelo fato de estarem procurando atalhos, querendo encontrar a forma mais rápida e fácil de enriquecer sem colocar esforço e trabalho necessários para atingir essa meta. Já lhe digo que não existe uma forma rápida e sem esforço para enriquecer e ser bem-sucedido, tire isso da sua cabeça.

Em todos meus materiais e conteúdos deixo isso bem claro e sempre prego o trabalho duro e o reconhecimento como a forma correta e garantida de se chegar ao sucesso.

Tome cuidado com promessas que há pela internet, de pessoas que tentam apenas pegar o seu dinheiro em troca de vender um sonho que não é real, o de enriquecer de forma fácil e rápida. Sua energia e criatividade devem estar voltadas para enriquecer de forma consistente e sustentável, e não achar uma forma fácil de cortar caminho.

O ser humano está acostumado da forma errada.

Enquanto a maioria das pessoas gasta tempo e energia tentando escolher os números certos da loteria, tentando achar uma forma fácil de enriquecer ou reclamando que não nasceu no lugar certo, na hora certa ou com herança, as pessoas bem-sucedidas estão focadas em resolver problemas e deixar a vida mais simples para os outros e, como consequência, ganhar dinheiro com isso. Ou seja, enquanto muitos desperdiçam grande parte de sua vida assistindo à televisão e jogando videogame, os bem-sucedidos leem, estudam e trabalham, focados sempre no que o futuro pode trazer-lhes de grandioso.

Além disso, você já deve ter notado que as pessoas que enriquecem rápido demais, aí sim através da sorte, como ganhadores da loteria, rapidamente perdem tudo o que ganharam, gastam em coisas tolas e sem sentido ou estragam relacionamentos por causa da riqueza.

Isso acontece porque, mesmo que essas pessoas fiquem ricas financeiramente do dia para a noite, mentalmente elas continuam pobres, infelizmente, sem saber o que fazer com aquilo e, no fundo, com a crença de que o dinheiro é a solução para todos os problemas e para a felicidade, quando na verdade não é.

Dinheiro nada mais é do que uma ferramenta. Já falamos sobre isso. Se as pessoas enxergarem uma ferramenta como a solução para todos os problemas, elas facilmente se frustrarão, perderão tudo ou entrarão em uma crise existencial, porque não terão mais a resposta para algumas perguntas que vieram se fazendo ao longo de sua jornada.

Pior ainda do que isso são as pessoas que deturpam o verdadeiro significado de dinheiro e riqueza. Pior do que não entendê-lo como uma ferramenta necessária para a vida tranquila de todos é entendê-lo como algo negativo e motivo de preocupação.

O dinheiro só será acumulado e ficará perto de pessoas que o enxergam como algo positivo. Por pessoas que sabem que ele é uma ferramenta extremamente útil e importante para a vida de todos, inclusive para garantir a segurança, as oportunidades e a liberdade a você e àqueles que ama.

O dinheiro tira grandes limitações da vida das pessoas, já que com ele pode viver onde e como quiser. Mas o maior benefício é passar a ser 100% dono do seu tempo, a ter 100% de controle sobre a sua vida, pois todas as escolhas passam a depender totalmente de si mesmo, sem necessidade de aprovação de outro alguém.

Essa liberdade de escolha não tem preço.

Existe uma lei universal chamada de lei do controle.

Ela diz que a felicidade das pessoas está diretamente relacionada ao nível de controle que elas têm sobre suas vidas.

Isso significa que se no dia a dia você depende a toda hora de decisões do seu empregador, se não tem controle da sua agenda por algum motivo e não se sente dono das suas decisões, você tem um alto risco de se sentir constantemente descontente, devido ao fato de você não se sentir dono da sua própria vida, de estar apenas vivendo para servir os outros e atender às suas vontades.

Já aconteceu com você?

Sou muito a favor do trabalho duro e da dedicação extrema, mas precisamos ficar atentos ao quanto esse trabalho nos realiza e nos alimenta como seres humanos.

Esse é o principal fator para as pessoas se sentirem realizadas no dia a dia ou trabalhando por obrigação.

E é essa liberdade que o dinheiro proporciona, muito mais do que compras, do que bens materiais, do que esnobar o seu poder aos outros, ele traz liberdade de escolha, de fazer o que quiser, trabalhar com o que quiser e impulsionar os seus sonhos.

Tão simples quanto isso.

Repare que tudo o que estamos falando neste capítulo diz respeito a como enxerga e entende o dinheiro e a riqueza.

Tudo está na sua mente, ela que dá forma ao seu mundo e, se conseguirmos mudar a forma como enxerga essa ferramenta, tenho certeza de que conseguirá lidar com ela de uma forma muito mais produtiva e benéfica.

O que estou escrevendo está completamente ligado à minha própria experiência. Tudo o que estou colocando neste livro mudou a minha vida e fez com que eu começasse a acumular muito mais riqueza do que havia imaginado e a finalmente jogar no jogo dos milhões.

Não se esqueça disso, tudo está na sua mente e em como você a molda e a desenvolve.

Este é um ponto que gosto sempre de reforçar: desenvolvimento. Já citei que tinha uma mentalidade muito restrita sobre desenvolvimento, que achava que ele era finito, que depois de uma possível graduação e pós-graduação eu já estava com esse item completo em minha lista de afazeres.

Não poderia estar mais enganado.

Entendi, como disse nos capítulos anteriores, que o autodesenvolvimento é constante, com cada produção em seu trabalho, com cada leitura, com cada curso de curto ou longo prazo.

Mas a grande diferença não está só nesse ponto. Está na educação formal.

Gosto muito de tocar nesse assunto e você já deve ter visto em minhas redes sociais que sou um grande crítico da educação e como ela se coloca em nosso país.

Acredito profundamente que já está mais do que na hora das pessoas começarem a abrir os olhos e a entender o quanto a nossa educação formal está ultrapassada.

Passamos anos enxergando esse tipo de educação como a saída para os nossos problemas, como a única forma de desenvolvimento para atingirmos o sucesso.

É assim que as grandes instituições querem que enxerguemos as coisas, para controlarem o sistema de ensino e, de certa forma, as pessoas e fazer com que elas não vejam outras oportunidades e fontes de conhecimento.

Está na hora de darmos um basta nesse tipo de crença, nesse mito, e abrirmos os olhos.

Nenhum diploma de formação superior, MBA, pós-graduação, garante que você será bem-sucedido. Ele só garante que terá o conhecimento básico para lidar com alguns tipos de problemas e certas soluções que, contudo, podem não ser as certas.

Não estou dizendo que o ensino não é importante, até porque acredito que sem educação não há futuro.

Estou dizendo que o ensino formal não é suficiente e não prepara as pessoas para o sucesso assim como ele prega que o faz!

Não importa o continente, não importa o país, existem milhares de pessoas que estão entre as de maior sucesso do mundo e não têm ensino superior e formação.

O que acontece com esse tipo de pessoas?

Esse é mais um mindset que precisa ser alterado.

Se todas as escolas e faculdades preparassem as pessoas para serem bem-sucedidas, todos que estudam nas melhores do mundo, por exemplo, Harvard, estariam na lista de pessoas com maior sucesso e acumulo de riqueza, mas não é o que acontece.

O que acontece, na verdade, é que as pessoas saem com uma formação básica, ou formatação, e dali para frente dependem do trabalho, do esforço e do que colocam na sua mente.

Mesmo assim, repare que muitos professores do sistema tradicional ensinam coisas que não fizeram na prática, que aprenderam somente em teoria, mas nunca chegaram a implementar.

Por exemplo: você já estudou empreendedorismo em alguma escola ou faculdade? Já se fez a pergunta de quantos professores dessa disciplina tinham negócio próprio? Quantos já quebraram e já deram certo? Quantos já testaram de verdade a teoria que estão ensinando no dia a dia para ver se funciona e contar exemplos com a experiência própria?

Comece a se fazer essas perguntas e a olhar com outros olhos para guardar as informações e os ensinamentos de um ponto de vista diferente.

Já teve aula de educação financeira em algum lugar?

Por que as escolas não ensinam as pessoas a mexer com dinheiro? Por que não ensinam o que é e para que serve essa ferramenta?

Se ensinam, quantos desses professores são financeiramente independentes? Quantos realmente têm as credenciais para ensinar o que estão ensinando através da vivência?

Tudo o que estamos falando neste livro poderia ser ensinado nas escolas e faculdades. Isso é a real escola da vida, com as técnicas e fundamentos que você mais precisa para alimentar sua mente e seus comportamentos para fazer tudo o que imagina ser possível.

Sempre me questiono sobre isso e minha preocupação com as outras pessoas e com o que elas estão aprendendo só cresce.

Por que não aprendemos a colocar metas pessoais nas escolas?

Por que não aprendemos sobre gestão de tempo?

Por que não aprendemos a ter gosto pela leitura em vez de lermos livros forçados, que no fundo não temos prazer com maioria deles, para anos depois condicionar nossa mente a pensar que a leitura é algo chato, cansativo e que em nada nos agrega?

Minha crença é que já passou da hora de questionarmos o sistema formal de ensino.

Uma das melhores formas que temos de aprender é com aqueles que já fizeram — assim como citei no capítulo sobre mentores —, aprender com pessoas que já passaram pelas dificuldades que iremos passar.

Espero que esteja aprendendo dessa forma neste livro.

As pessoas que atingiram o sucesso se questionaram sobre isso há tempos e já têm uma visão diferente sobre o assunto. Elas acreditam em conhecimento específico e em autoaprendizado.

Veja, mesmo que os ricos respeitem a educação formal, eles sabem que isso não está relacionado a construir um império financeiro e uma vida plena.

Você não precisa ir muito longe para perceber isso.

Mark Zuckerberg e Bill Gates, por exemplo, largaram a faculdade antes de completá-la.

A educação formal leva a pensar cada vez mais no sentido linear de tempo por dinheiro, e não é isso que deve buscar na sua jornada pela riqueza. Vá atrás de conhecimentos específicos, como aprender tudo sobre a área de vendas ou algo do gênero.

Para reforçar sempre esse ponto, gosto muito de uma frase de Jim Rohn que diz: "Educação formal lhe garante a sobrevivência. Autoeducação lhe faz uma fortuna."

Autoeducação quer dizer correr atrás do conhecimento e da capacitação que precisa, independente de qual seja a fonte.

Um dos pontos que é menos abordado em qualquer instituição de ensino e entidade formal é a própria questão do dinheiro, que está sendo discutida neste capítulo. Mais do que isso, na maioria das vezes, é abordado de forma equivocada, até porque quem ensina não sabe trabalhar direito com essa ferramenta.

É por causa desse fato que muito se fala em ser conservador, investir de forma conservadora, não ser tão aberto a riscos e ter medo da maioria dos investimentos.

É isso também o que grandes instituições financeiras e o governo pregam para todos nós: invista em fundos conservadores, invista na poupança e de pouco em pouco chegará lá.

Nada mais longe da verdade.

Quase todas as pessoas comuns utilizam o dinheiro de forma conservadora.

Quem se tornou milionário sabe que é necessário que se assuma alguns riscos calculados para ter melhores retornos.

Todo bom investidor perde algum dinheiro em uma ocasião ou outra, mas, se investir corretamente, você pode ganhar muito mais do que perder, sendo que esta é uma parte inevitável do seu trajeto.

Quanto mais experiente fica, mais sabe que será mais fácil recuperar o que perdeu e ganhar muito mais no futuro. Com isso, as pessoas comuns passam noites em claro pensando no que elas têm, em como guardar cada centavo para não correr qualquer tipo de risco, enquanto os milionários estão passando a noite em claro pensando como podem ganhar e acumular mais.

Por isso essas pessoas estudam seus investimentos como se fossem uma ciência e sabem exatamente aonde o dinheiro está indo e onde está sendo alocado.

Se está apegado a cada centavo que gasta, tem receio de encostar em seu dinheiro e medo constante de perder qualquer coisa, está com uma crença limitante. Está tratando o dinheiro como algo escasso que nunca mais poderá voltar para a sua posse, e isso limita novamente a forma como enxerga as coisas.

Olhando por essa ótica, você nunca estará aberto a fazer bons investimentos em sua vida. Em um bom investimento, você sempre coloca o dinheiro na frente para recuperar algo maior depois, não tem alternativa.

Se apegando a cada centavo, essas oportunidades vão passar vez após vez na frente dos seus olhos sem que aproveite nenhuma!

Isso vale para qualquer investimento, seja em dinheiro, seja em você mesmo, seja em sua carreira.

Para ganhar mais dinheiro em um investimento financeiro, primeiro precisa colocar o seu próprio dinheiro para começar a render e então ter um retorno; tornar-se uma pessoa mais capacitada e experiente no mercado; ganhar ainda mais dinheiro e entrar em um círculo virtuoso.

Para se tornar um profissional melhor, você precisa primeiro colocar esforço, trabalhar mais horas, entregar mais resultados, dar motivos para que seu chefe o promova ou ganhar um aumento.

Nunca, absolutamente nunca, acontecerá da forma contrária.

Já viu alguém ser promovido da seguinte forma: "Chefe, dê-me um aumento, que eu prometo trabalhar 20% a mais do que já venho trabalhando"?

Provavelmente não.

Se já pensou dessa forma em algum momento de sua carreira, tire esse pensamento imediatamente da sua cabeça.

Primeiro vem o esforço, depois a recompensa.

Trabalhe mais duro, entregue mais resultados, faça por merecer e as pessoas, invariavelmente, perceberão e será recompensado por isso.

Não esqueça. Isso vale para todo o investimento.

Coloque algo na frente — tempo, esforço, dinheiro — para colher algo maior posteriormente.

Coloque de forma mais conservadora e colherá de forma mais conservadora.

Coloque de forma mais arrojada e colherá de forma mais arrojada.

É uma simples lei matemática.

Isso acontecerá a partir do momento em que parar de pensar nos centavos. Quando entender que, se apegando ao dinheiro de forma limitada, terá resultados de forma limitada.

Tire a crença de sua mente de que o dinheiro é escasso.

Acredite desde agora que o dinheiro é abundante.

Se olhar por essa perspectiva, algo engraçado acontece. Você chegará à conclusão de que, diferente do que sempre pregaram ao longo de nossa infância, dinheiro nasce sim em árvores!

Isso porque sempre existem problemas que precisam de solução, e onde existem problemas estão oportunidades de negócio e um jeito de capitalizar essas ideias.

Então, basta mudar essa mentalidade de escassez e entender que se o dinheiro é resultado de ideais que resolvem problemas e as ideias são ilimitadas, logo, o dinheiro que está em circulação deve ser ilimitado.

A única coisa que precisa descobrir é onde está essa oportunidade e com quem está esse dinheiro que potencialmente será seu.

Descubra como atender a essa oportunidade e vá em frente!

De agora em diante você nunca poderá negar a importância do dinheiro em sua vida. Os milionários sabem que ele é uma parte fundamental da vida.

Lembre-se: você precisa dessa ferramenta para ter tranquilidade e total controle sobre sua vida.

Se acontecer qualquer catástrofe ou problema com sua família, você será responsável por lidar e resolver isso e dificilmente conseguirá se não tiver dinheiro guardado. Não dependa de governos, não dependa de outras pessoas, dependa de você mesmo.

Ou seja, ter dinheiro é uma responsabilidade sua, quase um dever, tanto para você mesmo, como para sua família e as pessoas que ama.

Nenhum homem rico diz que o dinheiro é o segredo da felicidade; aliás, todos dizem que impacta muito pouco a felicidade. Contudo, todos têm clareza em afirmar que o dinheiro traz conforto, segurança, abre portas e cria diversas oportunidades que de outra forma não teria.

Tenho certeza de que nesse momento suas crenças e seu mindset já estão sendo transformados em relação ao dinheiro e ao sucesso.

Quebrar definitivamente esses padrões é uma das melhores iniciativas para atingir aquilo que sonha.

É hora de nos libertarmos dessa pré-formatação que acontece conosco durante nossa infância e nossa formação.

Chega de ver as coisas com os olhos das grandes instituições de ensino, dos governos, das instituições financeiras.

De agora em diante, tudo o que vir será com os seus próprios olhos.

Sendo assim, gostaria de terminar este capítulo com o que enxergo como a lista definitiva do sucesso:

1. Tenha uma atitude que tudo é possível: "Vamos fazer acontecer"; "Vamos resolver"; "Existe uma solução para esses problemas".

2. Acredite na solução.

3. Foque sempre a oportunidade e não o problema.

4. Quando encontrar problemas, não se desespere, apenas resolva-os. Eles são uma parte fundamental da sua trajetória.

5. Não pare de persistir. O sucesso está a um passo do fracasso.

6. Tome riscos calculados, seja na vida, nos negócios ou nos investimentos.

7. Foque sua atenção em criar mais riqueza e aí sim em guardar o que sobra.

8. Sempre diga sim. Não se feche a novas oportunidades enquanto tem tempo de atender a todos os pedidos. Cada sim é um novo contato.

9. Tenha compromisso com o sucesso e seja consistente com suas atividades.

10. Vá até o final em tudo o que faz. Meias medidas não conseguem nada em termos de resultados. Até que atinja o sucesso, não cogite a hipótese de parar.

11. Concentre-se no agora. Agora é o período de tempo que o sucesso utiliza com mais frequência. Aja de forma massiva enquanto outros pensam, planejam e procrastinam.

12. Demonstre coragem. Conforme faz com mais frequência mais coisas que o assustam um pouco, mais pessoas o rotularão como valente e gravitarão em sua direção. A coragem só é alcançada fazendo e saindo da zona de conforto. É aí que a mágica acontece.

13. Seja receptivo a mudanças. Pessoas bem-sucedidas adoram a mudança, já que é impossível criar sucesso mantendo as coisas iguais.

14. Seja disruptivo. O desafio para o sucesso é o pensamento tradicional. Os mais bem-sucedidos estão sempre buscando criar soluções para problemas e não seguir o preestabelecido.

15. Seja orientado para metas. Pessoas bem-sucedidas prestam atenção ao alvo, não ao problema. Se não definir seus objetivos, trabalhará para os objetivos de outras pessoas.

16. Seja motivado. As pessoas bem-sucedidas trabalham em alto nível, alimentadas por estarem focadas em objetivos e acompanhadas de propósito.

17. Tenha grandes objetivos e sonhos. As pessoas bem-sucedidas sonham grande e têm metas imensas. Não são conservadoras.

18. Crie sua própria realidade. Não fique interessado no que outras pessoas dizem ser possível, elas estão mais preocupadas em pensar que não dá para fazer do que o que dá.

19. Seja ético. Faça tudo alinhado com seus valores.

20. Seja atento aos seus relacionamentos. Você só pode ser tão bem-sucedido quanto os indivíduos com quem se envolve e se associa.

21. Seja dedicado ao aprendizado contínuo. Pessoas bem-sucedidas criam tempo para convenções, palestras e leituras (60 livros por ano). Junte-se a pessoas bem-sucedidas que sabem que sua renda, riqueza, saúde e futuro dependem de sua capacidade de continuar buscando novas informações e nunca parar de aprender.

22. Desenvolva relacionamentos. Tenha o hábito de melhorar todos os seus relacionamentos, criar vínculos com pessoas que estão melhor conectadas, melhor educadas e ainda mais bem-sucedidas.

23. Seja disciplinado. A disciplina é o que usa para completar qualquer atividade, até que esta, independente do quão desconfortável seja, torne-se seu procedimento normal ou seu hábito. Determine quais hábitos são construtivos para sua vida e exercite sua força de vontade para construir pelo menos quatro hábitos de sucesso por ano.

Liberdade Exponencial

*"Quanto mais dinheiro, mais liberdade.
Quanto mais liberdade, maior a possibilidade
de impactar também outras pessoas."*

Estamos chegando ao final desta nossa jornada juntos.

Tenho certeza de que neste momento sua cabeça deve estar borbulhando. São muitos conceitos e técnicas diferentes e, mais importante ainda, uma nova maneira de enxergar a sua vida e tudo o que acontece em seu entorno.

Agora que já tem mais ferramentas no seu repertório, estou confiante de que poderá lidar muito melhor com algumas situações desafiadoras e desenhar novos caminhos em direção ao que tanto sonha e tanto deseja, em direção às suas metas.

Fiquei por um longo período imaginando como poderia encerrar esse livro com algo que o recompensasse por ter feito essa leitura até o final, por ter se esforçado e se engajado para aprender coisas novas.

Se chegou até aqui, prova que é uma pessoa que quer fazer diferente, viver diferente e só isso já me alimenta e me motiva.

Achei que seria um fechamento com chave de ouro falar mais profundamente de um tema que me perguntam tanto em conversas, palestras e cursos que ministro e que, de certa forma, envolve ainda muito misticismo na sociedade, de como conseguir mais, como acumular mais, como aproveitar mais.

Esse tema, como sabe, é dinheiro.

Já escrevi sobre isso em algumas seções deste livro, deixei bem clara a posição que tenho em relação ao dinheiro e tentei ao máximo influenciar positivamente o seu mindset para que todos possam reconhecer o quanto essa ferramenta é importante para nossa vida e a vida de nossas famílias.

É uma ferramenta que traz segurança, pois, se estiver acumulado corretamente e tiver as suas reservas, nada o poderá derrubar. Nenhum imprevisto, nenhum obstáculo.

Entendo que guardar dinheiro e ter uma reserva para você e sua família é uma obrigação. A qualquer momento alguém pode ficar doente, inclusive você, e o dinheiro será necessário para ter acesso ao melhor tratamento.

O mesmo pode acontecer com um acidente, um processo inesperado ou qualquer incidente que envolva risco às pessoas que ama.

Da mesma forma, e olhando por outro lado, com o acúmulo correto do dinheiro, as pessoas passam a aproveitar mais as oportunidades à sua frente e, acredite em mim, são muitas.

Elas passam na frente de diversas pessoas, e muitas deixam essas oportunidades, que poderiam ser o ponto de virada, realmente desaparecer. Porque têm medo, porque são inseguras e porque não têm dinheiro sobrando para investir em algo certo e na hora certa.

É por esse motivo que sempre gosto de falar de dinheiro e relacioná-lo à liberdade. É a liberdade de escolha, de tempo e de onde alocar os seus recursos para ser cada vez mais dono de sua própria vida.

É isso que diz a frase de abertura deste capítulo, de um empreendedor extremamente bem-sucedido e bilionário chamado Richard Branson.

Essa é a distinção que a maioria das pessoas não faz e por isso acaba confundindo o significado do dinheiro.

Dinheiro é liberdade, não felicidade.

No fim do dia, é uma ferramenta que compra tempo e segurança, e com isso você pode fazer cada vez mais coisas que deseja e construir mais a vida que tanto sonhou.

Olhando por essa ótica eu me pergunto: quem poderia não querer ter mais dinheiro em sua conta bancária?

Existem algumas reflexões famosas sobre o dinheiro que quero dividir aqui.

Muitas pessoas falam que quem tem muito dinheiro é egoísta, mesquinho ou superficial. Comentei sobre isso em capítulos anteriores. Comentei também que o dinheiro simplesmente intensifica uma personalidade que as pessoas já têm: se a pessoa era má antes, ela será pior; se era boa, ela será melhor. É um intensificador.

Mostrei também o exemplo de diversos bilionários filantropos que ajudam as pessoas com necessidade muito mais do que todos os governos do mundo. Esse tipo de pessoa não é egoísta, é muito mais altruísta do que a maioria das pessoas que eu conheço.

Uma frase que aprendi a respeito disso é a seguinte: o primeiro jeito de ajudar as pessoas com necessidade é não sendo uma delas.

Percebe?

Se não tiver dinheiro, depender de outras pessoas ou até do governo para sobreviver, você entrará para a estatística da pobreza. E consequentemente deixará de ajudar outra pessoa nessas condições, já que não terá reservas suficientes.

Isso sim é egoísmo!

Viver somente para se manter é egoísmo. Porque um dos nossos objetivos deve ser, invariavelmente, ajudar outras pessoas em necessidade, para no futuro melhorar o mundo em que vivemos.

O altruísmo necessita de dinheiro.

Está tão enraizado em nossa sociedade que "o dinheiro é a raiz de todo o mal" que chega a ser até assustador. Pesquisei para entender a origem dessa concepção e não consegui encontrar uma resposta suficientemente embasada.

Afinal, de onde vem?

Esse tipo de pensamento, ou melhor, de crença, só distancia as pessoas do dinheiro, da riqueza e, como resultado final, da liberdade.

Isso também não faz sentido.

Acho que já entendeu aonde quero chegar: dinheiro é importante.

E toda hora fico indignado porque não somos ensinados sobre isso na escola, mesmo sendo uma das coisas mais fundamentais para todos os seres humanos que querem ter tranquilidade e segurança.

Não é por isso que a maioria das pessoas trabalha?

Muitas pessoas trabalham nos empregos tradicionais, mesmo sendo muito infelizes, por causa do seu salário e de sua segurança.

Se tivéssemos aprendido sobre isso na escola, saberíamos outras formas de fazer, acumular, utilizar e doar essa ferramenta tão poderosa.

Então, chegou a hora de entendermos mais a fundo como tudo isso funciona.

O maior desafio do tema dinheiro é o fato de ele ser tratado como tabu na maioria das famílias e instituições de ensino. É difícil falar com outras pessoas a respeito de dinheiro, inclusive amigos e familiares. As pessoas não costumam falar o quanto ganham para quem amam, para seus parceiros e amigos.

As pessoas têm dificuldade de dividir orçamentos familiares e pessoais e de fazer planejamento da vida financeira.

Por que esse tema é tratado com tanta dificuldade pela maioria das pessoas?

Acredito que seja porque a maioria das pessoas acredita que falhará na sua jornada para acumular dinheiro, que não é possível ficar milionário, que isso não é realidade para elas e que só quem é superdotado consegue chegar lá.

Mas você já sabe que isso é uma grande lenda que pessoas que não conseguiram atingir seus sonhos criaram para que você não pudesse atingir os seus também. Se eu fiquei milionário com 30 anos, sem nenhum milagre, sem nenhuma startup do Vale do Silício, mas só com muito esforço e muito trabalho, por que você não pode também?

Então, a primeira coisa que quero que tire da sua mente é a crença limitante que acumular dinheiro, ou até ser milionário, é uma coisa difícil, porque não é!

Você precisa acreditar, porque se não acreditar, é impossível.

Sempre que estiver perto da sua meta, você sabotará o seu caminho e arranjará um jeito de regredir. Então, de novo, acredite que é possível, confie em mim e, por favor, quando acumular o montante que deseja, ou o seu primeiro milhão, mande-me uma mensagem.

Depois que realmente passar a acreditar que é possível, você precisa ir para o segundo passo.

O segundo passo para ser bem-sucedido financeiramente é fundamental e agora você já consegue desenvolvê-lo com maestria, e ele determina que você tenha uma meta financeira clara de aonde quer chegar.

Como falei no capítulo sobre metas, se não sabe exatamente para onde quer ir, qualquer caminho serve. Ou seja, tenha clareza sobre o seu objetivo: é um milhão de reais? Dez milhões? Cem milhões?

Isso depende apenas de você e do quanto de esforço colocará para atingir a sua meta.

Qual o tamanho do seu desejo?

Antes de começar qualquer jornada para acumular dinheiro, garanta que sua meta esteja bem escrita, com montante e prazo determinado, caso contrário não passará de um sonho, você não conseguirá atingi-la e seu caminho será muito mais turbulento.

O próximo passo para se tornar um futuro milionário tem o potencial de mudar totalmente como enxerga as coisas, já que passará a ver novas possibilidades em todos os lugares por onde anda, assim como aconteceu comigo. Esse passo é entender o que eu chamo de matemática do milhão. Veja, seja um, dois ou dez, os milhões não passam de um jogo de números e zeros.

Pense desta forma: você tem múltiplos jeitos de ganhar R$1 milhão por ano, é apenas questão de matemática. Exemplos:

Se vender um produto de R$200 para 5 mil pessoas, você fará R$1 milhão. Ou, se essa mesma quantidade de pessoas lhe pagar apenas R$17 por mês, durante 12 meses, você também fará R$1 milhão.

Se vender um produto de R$500 para 2 mil pessoas, você também fará R$1 milhão. Ou se aumentar o valor para R$42 para 2 mil pessoas, por um ano, também faturará R$1 milhão.

Agora imagine que tenha um produto que custe R$3333.

Se vendê-lo para 300 pessoas — *boom!* —, você fará R$1 milhão.

E se essas mesmas 300 pessoas lhe pagarem R$278 por mês, por 12 meses, você fará o mesmo R$1 milhão.

Você vê que, no final, tudo se resume à matemática e como colocar isso em prática?

Por exemplo: que produto consegue vender na internet que provavelmente 5 mil pessoas pagariam R$200 por ele?

Isso se chama renda incremental.

Muitas pessoas já conhecem esta história: eu sempre fui uma pessoa inquieta, querendo fazer várias coisas com o meu tempo e aprender o máximo possível com as minhas oportunidades. Então, desde quando era estagiário, procuro novas formas de ganhar dinheiro com o meu tempo, além do que era meu tempo normal de trabalho (9 horas por dia, 5 dias por semana, o 9/5).

Eu vendia eletrodomésticos velhos que meu pai me dava, prestava pequenas consultorias e já cheguei até a vender sanduíche na escola na hora do lanche para ganhar um dinheiro extra. E isso me levou a um conceito muito importante a que eu atribuo grande parte do meu sucesso, que é a importância da sua renda ou receita, antes de qualquer coisa.

Você precisa ter esse conceito muito claro em sua mente e internalizá-lo, pois é importantíssimo: o primeiro foco de sua vida financeira tem que ser incrementar a sua fonte de receita (renda).

Muitas pessoas, quando digo isso, até se assustam. Sabe o motivo? Porque somos condicionados a pensar em poupar cada vez mais dinheiro e não em focar nossas energias em conquistar cada vez mais dinheiro. A equação está invertida!

O conceito é muito simples. Por exemplo: se tem uma garrafa de água que precisa ser enchida em uma goteira, você sempre guarda a água que cai na garrafa e ela nunca evapora, mas ela demorará muito para encher. Agora, se tiver um fluxo maior de água entrando na garrafa de forma constante, mesmo que uma parte se perca ou evapore, você encherá a sua garrafa rápido.

Essa garrafa de água é a sua conta bancária.

De que adianta partir logo para o conceito de poupar x% da sua renda se a sua renda é muito baixa? O seu objetivo não será atingido nunca!

Em resumo, enxergue a equação por outro ponto de vista. Se a sua entrada de dinheiro for muito baixa, não foque economizar, e sim conseguir mais.

E a pergunta é: como conseguir mais dinheiro sem me matar ou ter risco de perder o meu emprego ou fonte primária de renda?

Existem algumas opções para isso:

- Você pode revender algo, como coisas usadas, bolos ou sanduíches.
- Pode prestar algumas consultorias em seu tempo vago.
- Pode vender algo pela internet.
- Qualquer coisa que possa aumentar a sua receita.

Quando digo isso, a cara de susto das pessoas retorna. Perguntam se precisam trabalhar mais do que as oito horas diárias a que estão acostumadas.

A resposta? SIM!

Citei nos capítulos anteriores sobre a mente *workaholic* e o quanto precisamos colocar de esforço para chegar aos nossos objetivos e aonde tanto sonhamos. Sem esforço não há recompensa, e se fizer exatamente o que outros já fazem receberá em troca exatamente as coisas que os outros recebem.

Esse é o grande motivo de se pensar e fazer diferente.

Agora, a parte em que a maioria das pessoas erra quando começa a aumentar a sua receita: elas sobem muito o nível de vida. E não se deve fazer isso, porque toda vez que você sobe o seu nível de vida o seu cérebro se acostuma com o novo padrão e isso se torna o básico para ele, que vai querer cada vez mais para poder se sentir satisfeito. O cérebro tem grandes benefícios, mas nunca esqueça que em alguns momentos ele pode agir como seu inimigo interno.

Então não faça isso!

O dinheiro adicional que está ganhando não é para melhorar seu padrão de vida. Esse, sim, é o momento de poupar!

E não vale poupar de qualquer jeito e deixar o dinheiro poupado. Você deve poupar para poder investir. É aí que começa a virar o jogo e colocar o seu pequeno exército de dinheiro para trabalhar e criar cada vez mais riqueza.

E, para acumular cada vez mais dinheiro, você deve seguir uma regra importantíssima e básica que é: pague a si mesmo primeiro.

Isso significa que, assim que o dinheiro cai na sua conta, o seu salário, por exemplo, você já deve transferir a porcentagem que tinha pré-acordado consigo mesmo para uma outra conta, aonde seu dinheiro fica guardado e você não pode mexer de jeito nenhum, a não ser para fazer algum outro tipo de investimento.

Para mim, a porcentagem mágica que me ajudou a atingir minha liberdade financeira o mais rápido possível foi poupar 40% de toda a minha renda. Entretanto, esse número é desafiador, eu sei. Se esforce para poupar pelo menos 30% e estará em um bom caminho.

Já que estamos falando de investimentos, como se define um?

Os milionários definem investimento como uma coisa que aprecia (ganha valor) com o tempo, ao contrário de gastos que depreciam (perdem valor) com o tempo.

Imóveis, fundos de investimento, títulos públicos, ações são investimentos.

Tirando exceções, quanto mais você compra e guarda, mais eles valorizam.

Por outro lado, carros, tênis, roupas, joias são coisas que, quanto mais o tempo passa, mais desvalorizam.

Citei agora há pouco liberdade financeira. Para não restar dúvidas, é importante ter bem claro e definido o que esse conceito significa.

Liberdade financeira é quando o rendimento dos seus investimentos cobre todos os seus gastos, deixando-o totalmente independente do seu trabalho. Essa é a liberdade que o dinheiro pode comprar.

Para atingir essa liberdade financeira, outro ponto fundamental para prestar atenção é criar múltiplas fontes de renda.

Estou falando de novas fontes de renda e não do seu trabalho.

Essa é uma regra básica dos milionários e das pessoas bem-sucedidas por dois motivos:

1. Você dilui o seu risco na vida.

2. Você passa a ter uma receita ainda maior, não dependente do seu trabalho direto e que resultará em mais investimentos no futuro, já que passará a poupar mais.

Gosto de reforçar que diferentes fontes de renda diluem o risco porque depender somente de um salário, comissão ou pró-labore é arriscado. Nunca se sabe como será o dia de amanhã e como a economia evoluirá.

Com outras fontes de renda, porém, você passa a ter uma sensação de abundância e deixa de ser dependente de apenas uma coisa, lhe trazendo ainda mais segurança e confiança.

Para que tenha uma ideia, um milionário costuma ter pelo menos cinco ou seis fontes de renda diferente. Essas múltiplas fontes de renda também são muito conhecidas e comunicadas como renda passiva.

Particularmente, gosto muito desse termo, pois ele deixa ainda mais claro que é uma renda que você adquire despendendo mínimo esforço (passivamente) e que, ainda assim, complementa o seu ganho mensal e aumenta a sua sensação de liberdade.

Alguns exemplos de renda passiva são:

- Aluguel de um imóvel.
- Dividendos de ações.
- Royalties com algum produto, como livros.
- Criar um negócio paralelo ao que já tem como renda complementar, como um e-commerce.

Esse passo a passo que acabou de aprender é o circulo virtuoso do acúmulo de riqueza.

O ciclo inicia com a sua primeira receita. Em seguida você aumenta sua receita, antes mesmo de pensar em poupar. Ao aumentar a sua entrada de dinheiro, você não aumenta o seu estilo de vida e, aí sim, começa a economizar cada vez mais dinheiro.

Esse dinheiro deve ser investido em ativos que apreciam e com isso geram receita passiva. Consequentemente, o ciclo se reinicia, aumentando novamente a sua receita; em seguida guardando mais dinheiro; investindo mais dinheiro; gerando mais renda passiva e assim por diante.

Se simplesmente internalizar esse conceito na sua vida, com certeza ela mudará de patamar financeiro. Mudou para mim e mudará para você também.

Você precisa enxergar o dinheiro como um pequeno exército que está criando, que trabalha para gerar cada vez mais dinheiro. E isso você consegue através de investimentos. Por isso é tão importante a atitude de poupar o máximo que der, consistentemente, e reinvestir tudo até atingir o patrimônio que tanto sonha.

Agora que já sabe o momento certo de poupar, outro tema importantíssimo que preciso abordar é a importância de ter planejamento financeiro e orçamento mensal.

A pergunta que deve fazer a si mesmo é a seguinte: você sabe exatamente quanto dinheiro gasta por mês para se manter, sair, se divertir e levar o estilo de vida que leva?

Se não sabe, tem um problema.

Como guardará dinheiro sem nem saber ao menos quanto gasta?

Pare por alguns minutos a sua leitura e faça esse orçamento imediatamente, isso é importante para seu futuro.

Você precisa compilar tudo o que gasta ao longo do mês: aluguel, comida, lazer, viagens, compras etc. Absolutamente tudo.

Complementar a esse controle de gastos tem uma coisa fundamental, e fico muito preocupado quando pergunto a alguém e essa pessoa não sabe responder o seguinte: para onde está indo seu dinheiro?

Onde está alocando o dinheiro que sobra? No banco? Em corretora? Em que investimentos? Por que fez essa escolha?

E ainda estou acostumado com as pessoas respondendo que não tem tempo para ficar olhando e analisando isso.

Se está nesse grupo, reflita um pouco. Se não tem tempo para cuidar do seu próprio dinheiro e da sua independência financeira no futuro, está utilizando o seu tempo para quê?

A maioria das pessoas investe mais do que nove horas diárias em seus empregos e depois fica cansada demais para investir alguns minutos no seu planejamento de vida.

Tome cuidado com essa armadilha!

É o seu futuro que está em jogo e ele é extremamente importante. Assim como falamos no primeiro capítulo deste livro, você precisa ser protagonista da sua vida e cuidar de tudo o que acontece nela, e o seu pilar financeiro não pode ser diferente.

Outra coisa que aprendi, que é fundamental para as pessoas bem-sucedidas e que querem fazer cada vez mais a diferença, é investir não só em ativos financeiros, mas principalmente investir nelas mesmas.

Você já deu o primeiro passo ao comprar este livro. Qual o próximo?

Investir em você mesmo significa ter a disponibilidade financeira para investir em ativos que o vão fazer uma pessoa mais preparada para o mercado, um profissional melhor e que consequentemente também lhe trarão mais receita, pois você entregará mais valor.

Estou falando de investimento em cursos, livros, palestras, seminários e tudo o que puder para se desenvolver. Não se esqueça de que você é o seu maior ativo e, independente de tudo o que tenha, seu conhecimento é a única coisa que ninguém pode tirar de você. Além disso, investimento em autodesenvolvimento é o que tem o melhor retorno e o menor risco, já que nunca depreciará e manterá o que aprendeu pelo resto de sua vida.

Outro fator relevante se quiser ser bem-sucedido é implementar na sua vida o ato da doação.

De que adianta guardar um monte de dinheiro se não vai doar uma parte desse montante para aqueles que precisam mais do que você?

Muitas pessoas, infelizmente, não tiveram o acesso ao conhecimento ou às oportunidades que você teve na vida e não puderam aprender o que está aprendendo.

Acredito que esse seja o dever de cada um de nós.

É impressionante como passei a me sentir melhor quando comecei a colocar isso em minha vida.

O ser humano foi feito para viver no coletivo e ajudar um ao outro, e a sensação de prazer que se tem ao doar dinheiro e/ou tempo é incomparável.

Já ouvi pessoas dizerem quando eu faço essa citação: "Mas estou ganhando tão pouco, acho que quando começar a ganhar mais, poderei doar."

Esse pensamento está completamente errado!

Se deixar para doar apenas no futuro e for doar 10% do seu patrimônio, quando tiver o seu primeiro milhão, vai ter que doar R$100 mil. E aí tudo fica mais difícil, porque não construiu esse hábito desde cedo.

Comece a fazer a diferença desde agora, doe um montante do que ganha, independente do valor. O que importa é o gesto e construir esse hábito desde cedo, porque ele cresce junto com conforme evolui na vida, assim como o montante que doará.

Lembre-se: não é o valor que importa, é o gesto.

Se tem filhos, sugiro que comece a construir esse hábito neles desde cedo. É fácil para as crianças entenderem que existem pessoas que precisam mais do que elas, e você estará construindo serem humanos melhores para o futuro.

Agora que todos os conceitos estão claros na sua cabeça, quero encerrar sugerindo uma divisão da sua renda para que se organize mensalmente. Essa é a divisão que funcionou para mim e para muitas outras pessoas, e acho que é um bom ponto de partida.

Com o tempo e amadurecimento, conseguirá dizer se isso é o melhor ou se pode fazer um ajuste pessoal que melhor se adapte à sua vida.

Então vamos lá.

De toda a sua renda:

- Utilize até 50% para as suas necessidades normais. Aqui estão classificados seu aluguel, conta de luz, água, energia, plano de saúde, seguro de vida, tudo o que precisar para manutenção da sua vida normal e da sua família.

- Utilize 10% da sua renda para diversão. Nesse critério estão os seus passeios de fim de semana, restaurantes, viagens, compra de roupas, férias etc.

- Utilize 5% para sua própria educação. Use esse dinheiro para comprar livros, fazer mais cursos e melhorar o seu autodesenvolvimento.

- Doe 5%. Como falamos, isso é importante para a sua vida como um todo e a de outras pessoas à sua volta.

- Os 30% que sobrarem, poupe. Se não conseguir chegar em 30% no começo, por causa das suas necessidades, poupe menos, no entanto sempre com a meta de estar pelo menos entre 20 e 30%, se possível 40%.

Não se esqueça de que isso é fundamental para o seu futuro e para a construção da sua liberdade financeira. Quanto antes iniciar esse hábito, melhor, e quanto mais poupar, mais rápido atingirá suas metas. Então poupe e poupe feliz!

Encerramento

Sou muito grato à oportunidade que tive de escrever este livro e finalmente colocar no papel tanto conhecimento e tantas técnicas que mudaram a minha vida de uma maneira que nunca imaginei ser possível.

Sou grato a você, que investiu o seu tempo e sua atenção na leitura deste livro.

A você que teve a cabeça aberta para aprender coisas novas, utilizar os conceitos em sua rotina e esteve disposto a mudar os seus hábitos e se dar a oportunidade de vivenciar novas experiências.

Meu desejo é que esta leitura de certa forma tenha mudado como você enxerga o mundo, a sua vida, seus resultados e seus sonhos.

Se seu olhar tiver se transformado e novos questionamentos aparecerem em sua mente daqui para frente, por mais simples que sejam, terei sido bem-sucedido em minha missão e você estará no caminho correto.

Nunca se esqueça do poder que a sua mente tem sobre tudo que você quer conquistar em sua vida, sobre todos os seus objetivos, sobre todos os seus relacionamentos, sobre todos os seus sentimentos.

Continue alimentando seu cérebro constantemente de forma positiva; não existirão barreiras que possam detê-lo. Apenas esteja disposto a colocar o esforço para que tudo o que deseja se torne realidade.

Se você gostou desta leitura, a única coisa que lhe posso pedir é que indique o livro a um amigo seu, para que ele também tenha a oportunidade de mudar o olhar. E, de pessoa em pessoa, construiremos um mundo melhor, mais ético, mais próspero e mais consciente.

Que a sua jornada seja incrível e todos seus objetivos alcançados.

Nos vemos pela vida.

Índice

A

abdicação, 163
ação, 74, 89, 103–109
acúmulo de riqueza, 199, 233
afirmações, 88–92, 123
agenda, 167–168
ajuda externa, 12
alavancagem, 62, 207
alta performance, 9, 25, 189
alternativas, 12
altruísmo, 226
alvo real, 68
ambição positiva, 28
ambiente de trabalho, 142
aprendizado, 17, 29, 107, 158,
    169, 191
    contínuo, 173, 181, 221
    duplo, 181
autoaprendizado, 214
autoconfiança, 124
autoconhecimento, 26, 53

autocuidado, 163–164
autodesenvolvimento, 25, 186,
    194, 211, 235
autoeducação, 215
autoestima, 17, 18

B

barreiras, 26, 61, 121

C

caminho, 20, 48
capitalizar ideias, 204
carro, 184
causa e efeito, 16
cérebro, 39, 106, 135–139
    hemisférios, 179
    novas conexões, 184
ciclo, 16–17
    de energia, 69
    negativo, 31

positivo, 61
círculo virtuoso, 216, 233
coerência, 80
comemorar, 76
comportamento, 150, 157
condicionamento, 40, 44, 49
    da mente, 150
    do cérebro, 142
Cone of Learning, 109
conhecimentos, 175–176, 214
controle, 12–17, 21
coragem, 220
corpo saudável, 164
crenças
    imprecisas, 123
    limitantes, 123, 208, 216, 227
criatividade, 33, 179
culpa, 12–13, 18

D

decisões, 80
desconfiança, 123
desculpas, 9
desempenho, 17
desistir, 20
determinação, 47, 108
dinheiro, 34, 199, 224
disciplina, 134, 149–155, 167–168
    três passos, 152
disrupção, 220
doação, 235
dopamina, 136, 146

E

economia, 15, 33
educação financeira, 213
e-mails, 140
emoções, 181

empreendedorismo, 206
energia, 44, 103, 208
ensino formal, 33, 211–214
ensino não formal, 34
epifanias, 84
equilíbrio, 130–131
errar, 107–109
escolhas, 19, 111, 133–135
    corretas, 37
    erradas, 20
esforço, 37, 54, 121, 203, 208, 216, 227
experiências falsas, 119
Experimento da Água, 98–99
experimento do marshmallow, 154

F

falhar, 9, 38, 107–109
feedbacks, 18
força de vontade, 37, 221
forças propulsoras, 48
formatação da sociedade, 26
fracasso, 120
futuro financeiro, 16

G

ganho exponencial, 206
gatilhos, 16, 35
gestão de tempo, 129–147
governo, 32–33

H

habilidades, 52, 175
hábitos, 149, 156, 221
    de sucesso, 157, 221
harmonia, 81–83

I

imaginação, 41, 119
impulso, 67, 110–111, 124
independência financeira, 202
infância, 26
influências, 29, 32, 97
inimigo interno, 109, 230
investidores, 16
investimentos, 161, 215, 231
invista em você, 161–163

L

Lei da Atração, 95–98
lei de Pareto, 143
lei do controle, 210
lei dos dois minutos, 146
lei do um terço, 195–196
leitura, 157–160
liberdade, 14, 84, 224
    financeira, 202–204, 232, 237
ligações, 141
lista de afazeres, 135–136, 139,
    146, 211
lista definitiva do sucesso, 219

M

matemática do milhão, 228
matriz de Eisenhower, 143–146
meditação, 164–166
medo, 63, 107, 110, 119, 204
    superação, 123–125
memória, 181
    de curto prazo, 182
    de longo prazo, 182
mensurável, 68
mentalidade, 29, 30
    das massas, 30–33, 35
    de aprendizado, 189
    de longo prazo, 16

mente, 9, 156, 160, 175
mentores, 190–198
mercado de trabalho, 28
metas, 28, 34, 55, 71–72, 81
    financeiras, 227
    transformadoras, 72–74
método SMART, 67–70
missão, 48, 53
motivação, 44, 47, 146
    interna, 55, 95
mudar, 13, 16–17, 18, 29, 37, 54
mundo executivo, 27

N

networking, 168–169, 194
neurônios, 178

O

objetivo, 35, 53–55, 65, 74, 89, 123,
    138
    máximo, 66
    mínimo, 66
obstáculos, 12, 14, 64
oportunidades, 36, 44, 54–55, 57,
    104, 110, 208
orçamento mensal, 233
ouvir, 197–198

P

padrão, 30, 35, 37
    abaixo, 170
    de pensamento, 157
    mental, 11, 15
    social, 154
passado, 17
pensamento positivo, 97
performance, 7, 17, 195

planejamento, 28, 123, 227
    financeiro, 233
poder, 13
    da convivência, 197
    da mente, 151
    financeiro global, 15
ponto de virada, 205, 224
possibilidades, 31, 36
potencial criativo, 91
potencial de aprendizado, 186
prazo determinado, 69
preparo mental, 137
procrastinação, 136–138
produtividade, 137
programar, 40
    a mente, 37
    o cérebro, 38, 95
propósito, 34–35, 47–51, 166–167, 200
protagonismo, 16, 21

Q

Quadro de Visão, 100
qualidades, 52

R

raciocínio, 38
realização, 14, 47–48, 81, 84
recompensa, 76
recursos, 110
relacionamentos, 45, 220
renda, 206
    incremental, 229
    múltiplas fontes, 232
    passiva, 232
renúncia, 135
resiliência, 150

responsabilidade, 11, 17
resultados, 7, 31, 57–63, 121
reuniões, 141
riqueza, 162
risco calculado, 215
risco controlado, 122
rotina, 90, 92, 142

S

sinapses, 178
sinergia, 35, 191–198
sociedade de consumo, 154
soluções, 206
sonhos, 21, 25, 53
subconsciente, 41, 88, 91, 93, 100, 120
sucesso, 84, 150, 194

T

tarefas, 143–146
teoria do atrito, 66
transformação, 10, 64–67
    de mentalidade, 10–12
travas mentais, 149

V

valores, 48, 79–86, 220
    pessoais, 81
visão, 69, 71–72
    de fora, 14
    geral, 7
visualização, 92–95

Z

zona de conforto, 106, 123, 195, 220